SCRIPTORVM CLASSICORVM

BIBLIOTHECA OXONIENSIS

OXONII

E TYPOGRAPHEO CLARENDONIANO

A. PERSI FLACCI
ET
D. IVNI IVVENALIS
SATVRAE

EDIDIT
BREVIQVE ADNOTATIONE CRITICA
DENVO INSTRVXIT
W. V. CLAUSEN

OXONII
E TYPOGRAPHEO CLARENDONIANO

Oxford University Press, Walton Street, Oxford OX2 6DP
Oxford New York Toronto
Delhi Bombay Calcutta Madras Karachi
Kuala Lumpur Singapore Hong Kong Tokyo
Nairobi Dar es Salaam Cape Town
Melbourne Auckland Madrid
and associated companies in
Berlin Ibadan

Published in the United States
by Oxford University Press Inc., New York

First published 1959
Revised edition 1992

ISBN 0-19-814798-8

3 5 7 9 10 8 6 4 2

Printed in Great Britain on acid-free paper by
Biddles Ltd., Guildford and King's Lynn

PRAEFATIO

De recognoscendo Persii saturarum libro, cum in ea, quam anno MDCCCCLVI uulgaui, editione fusius disputauerim,[1] nihil est cur multa dicam. Satis constat codices quorum potissimum habenda sit ratio tres esse. Sunt autem hi:

P Montepessulanus bibl. med. 125, siue Pithoeanus,[2] saeculo IX in monasterio Sancti Nazarii Laureshamensi scriptus. Continet foll. 2^{r}–13^{r} Persium, foll. 13^{v}–79^{v} Iuuenalem. Ante primam Persii saturam memorabilis sane titulus THEBAIDORVM PERSI SATVRA minio pictus est itemque in summis foliis: quo quid significetur nescio. Choliambos a primo librario omissos centum

P^2 fere annis post in fol. 1^{v} exarauit alter (P^2), qui, dum codicem emendare studet, non pauca corrupit. Contuli.

A Montepessulanus bibl. med. 212 saeculo X scriptus. Continet foll. 66^{v}–79^{r} Persium. Contuli.

B Vaticanus tab. basil. H 36 exeunte, ut uidetur, saeculo IX scriptus. Continet foll. 58^{v}–63^{r} Persium. Contuli.

Artissima cognatione inter se iungi codices A et B primo aspectu certum est. In utroque enim uidemus choliambos a suo loco in alienum post saturam sextam translatos, in utroque eandem subscriptionem post choliambos positam; unde apparet anno post Christum natum CCCCII iuuenem quendam nobilem in emendandis Persii saturis

[1] *A. Persi Flacci Saturarum Liber*, pp. xv–xxiv.

[2] Codicem primus adhibuit P. Pithoeus, cuius editio anno 1585 Lutetiae prodiit.

aliquantum temporis consumpsisse. Quam subscriptionem abstersis labeculis ita edidit O. Jahn:[1]

FLAVIVS IVLIVS TRYFONIANVS SABINVS V. C. PROTECTOR DOMES
TICVS TEMPTAVI EMENDARE SINE ANTIGRAPHO ME
VM ET ADNOTAVI BARCELLONE CONSVLIBVS DOMINIS NOSTRIS AR
CHADIO ET HONORIO QVINTVM

Quis fuerit Sabinus ignoramus, nec multum interest. Sin autem requirimus quae ratio inter hos codices intercedat, illud facile apparebit, utrumque ex uno eodemque ex-
α emplari, quod α littera notatur, accurate esse descriptum. Eodem quo exaratus est tempore codex B ab altero lib-
B² rario (B²) correctus est. Subscriptionem Sabini, quam librarius omiserat, suo loco adiecit corrector, simul et perpauca in textu mutauit, non ut menda tolleret, quae plurima sunt et aperta, sed ut codicem ad exemplar exigeret. Nihil enim a correctore illatum est quin congruat cum eo quod exhibet codex A.

His tribus, seu potius duobus, codicibus accedunt tres cum uetustate tum fide insignes:

Sang. Sangallensis 870 saeculo IX scriptus. Exhibet uersus XL ex Persio, CCLXXX ex Iuuenale decerptos. Est huic codici cum Pithoeano uel maxima cognatio. Contulit C. Stephan;[2] ipse denuo contuli.

[1] *Berichte über die Verhandlungen der königlich-sächsischen Gesellschaft der Wissenschaften in Leipzig, phil.-hist. Klasse* (1851), p. 334. In fol. 66ᵛ codicis A exstat altera subscriptio manu paulo recentiore exarata; quam cum bibliopegus quispiam quasi amputasset, ad hunc modum suppleuit Jahn: [IVL. T]RYFO[N. SA]BIN. [PROT]ECTOR [DOM.] LEGI [MEVM D.] D. N. N. [ARCAD. ET] HONOR. [QVINQV]IES CONS. [PROVT PO[TVI SIN]E MA[GISTRO] EMENDANS [ADNOTA]VI ANNO [AETATIS] XXXMO ET MI[LITIAE Q]VARTO [IN CIVI]TATE TOLOSA. Imagines photographicas edidit E. Chatelain, *Paléographie des classiques latins*, cxxi et cxxii.

[2] *Rheinisches Museum*, xl (1885), 263–82.

V Vaticanus Reginensis 1560 exeunte saeculo ix uel ineunte x scriptus. Continet foll. 72^{r}–79^{v} Persii iii. 99–vi. 80, foll. 80^{r}–80^{v} uitam, foll. 80^{v}–81^{r} fragmentum commenti quod dicitur Cornuti. Nescio quo casu factum est ut in fol. 76^{r} post v. 124 describerentur ii. 26–34. Contuli.[1]

X Vaticanus Palatinus 1710 saeculo x scriptus. Continet foll. 1^{r}–15^{v} Persii choliambos et saturas usque ad v. 171. Praeter imagines photographicas adhibui collationem ab H. C. Gotoff familiari meo diligentissime factam.

Codices autem, qui deteriores habentur, cum aliquid boni, quod non compareat in melioribus, interdum praebeant, omnino neglegere non licet. Ex permultis igitur septem, qui fide ceteris praestare uidebantur, elegi et contuli. Sunt autem hi:

C Parisinus 8055 saeculo x scriptus. Continet pagg. 141–69 Persium.

G Bernensis 257 ineunte saeculo x scriptus. Continet foll. 1^{v}–14^{v} Persium, nisi quod desunt duo folia in quibus scripti erant i. 96–ii. 48.

L Leidensis bibl. publ. 78 saeculo xi scriptus. Continet fol. 1^{v} uitam, foll. 2^{r}–26^{v} Persium una cum commento Cornuti.

M Monacensis 23577 saeculo xi scriptus. Continet foll. 82^{v}–94^{r} Persii choliambos, i. 1–iv. 48, v. 164–vi. 80, foll. 95^{r}–95^{v} uitam, foll. 96^{r}–146^{r} commentum Cornuti sine titulo.

N Monacensis 14498 saeculo xi in monasterio Sancti Emmerami Ratisponensi scriptus. Continet fol. 1^{v} uitam, foll. 2^{r}–13^{v} Persium.

R Laurentianus 37.19 exeunte saeculo x uel ineunte xi scriptus. Continet foll. 2^{r}–18^{r} Persium.

W Monacensis 330 saeculo x scriptus. Continet foll. 60^{v}–75^{r} Persium.

[1] *Transactions of the American Philological Association*, lxxx (1949), 238–44.

Omnibus qui supersunt codicibus uetustius est folium
Bob. codicis Bobiensis rescripti, nunc Vaticani 5750, quod sexto demum saeculo, non, ut uulgo creditur, quarto exaratum esse docet E. A. Lowe.[1] Continet Persii i. 53–104, Iuuenalis xiv. 324–xv. 43. Contulit F. Nougaret;[2] Persii uersus ipse retractaui.

Scholia uetustiora, quae Cornuti cuiusdam nomen prae se ferunt, non sane neglexi. Plurimum in his scholiis esse auctoritatis, ut quae magnam partem quarto uel quinto saeculo confecta essent, existimauit K. F. Hermann.[3] Sed cum adhuc desideretur editio scholiorum cui fides habeatur, difficile dictu est quanti sint aestimanda; ne quis fidem habeat editioni tumultuariae quam anno MDCCCXLIII uulgauit O. Jahn. Anno MDCCCCXVII tres codices, prae quibus sordent ceteri omnes, in lucem protulit P. Wessner.[4] Sunt autem hi:

Σ(L) Leidensis bibl. publ. 78, de quo supra dixi.

Σ(M) Monacensis 23577, de quo supra dixi.

Σ(U) Monacensis 14482 exeunte saeculo XI uel ineunte XII in monasterio Sancti Emmerami Ratisponensi scriptus. Continet foll. 118^r–150^v scholia siue commentum Cornuti. Contuli.

Ad Iuuenalis codices ut transeam, non est dubium quin inter eos sibi primum locum iure uindicet idem ille Monte-
P pessulanus bibl. med. 125, siue Pithoeanus. Quem quo minutius scrutarer, iter Montem Pessulanum feci ineunte aestate anni MDCCCCLVII. Aliud est enim imaginibus arte photographica factis uti, aliud codicem ipsum ante oculos habere.

1 *Codices Latini antiquiores*, i, p. 11.

2 *Mélanges offerts à Louis Havet* (Parisiis, 1909), pp. 313–29.

3 *Lectiones Persianae* (Marburgi, 1842); *Analecta de aetate et usu scholiorum Persianorum* (Gottingae, 1846).

4 *Wochenschrift für klassische Philologie*, xxxiv. 473–80, 496–502.

Cum Pithoeano tam in ueris lectionibus quam in falsis plerumque consentiunt:

Arou. quinque scidae codicis saeculo x scripti, quae Arouiae Heluetiorum oppido adseruantur. Codicem integrum quasi in membra olim discerpserunt capellani Arouienses, ut inuolucra chartarum inde fierent. Continent ii. 148–55, iii. 6–13, 35–92, vi. 136–93, 252–310, initia 311–39, exitus 340–68, initia 427–55, exitus 456–84, vii. 57–85 sine finibus, 86–114 sine initiis, 115–72. De his scidis egerunt H. Wirz,[1] R. Beer,[2] P. Wessner;[3] ipse denuo contuli.

Sang. Sangallensis 870, de quo supra dixi.

S lemmata scholiis uetustioribus, quae exstant in P et Sang., praefixa. De his lemmatis deque toto codicis Sangallensis habitu accurate disputauit P. Wessner.[4]

R Parisinus 8072 saeculo x scriptus. Continet foll. 94^{v}–97^{v} Iuuenalis i. 1–ii. 66, foll. 98^{r}–105^{v} v. 98–vi. 437, foll. 106^{r}–113^{v} iii. 32–v. 97. Contulerunt C. E. Stuart[5] et U. Knoche.

Mico Miconis, monachi Sancti Richarii, opus prosodiacum circa annum DCCCXXXV confectum, in quo sunt uersus XXXII ex Iuuenale decerpti. Edidit L. Traube.[6]

Medium quendam locum inter P eiusque adfines et V ceteros omnes qui innotuerunt codices obtinet Vindobonensis 107 exeunte saeculo IX scriptus. Continet Iuuenalis i. 1–ii. 59, ii. 107–v. 96. Contulerunt A. Goebel[7] et U. Knoche.

[1] *Hermes*, xv (1880), 437–48.
[2] *Spicilegium Iuuenalianum* (Lipsiae, 1885), pp. 24–33.
[3] *Scholia in Iuuenalem uetustiora* (Lipsiae, 1931), pp. x–xi.
[4] *Ibidem*, pp. xi–xiv.
[5] *Classical Quarterly*, iii (1909), 1–7.
[6] *Monumenta Germaniae historica, poetae Latini aeui Carolini*, iii partis alterius fasc. i, pp. 279–94.
[7] *Sitzungsberichte der kaiserlichen Akademie der Wissenschaften in Wien, phil.-hist. Klasse* (1859), pp. 37–75.

Ex magno codicum numero, qui deteriores habentur, decem adhibui. Sunt autem hi:

A Monacensis 408 saeculo XI scriptus. Continet foll. 1^r–81^r Iuuenalem.

F Parisinus 8071, olim Thuaneus, exeunte saeculo IX scriptus. Continet foll. 2^r–23^r Iuuenalis iii. 317–ix. 39, x. 1–xvi. 60.

G Parisinus 7900 A saeculo x scriptus. Continet foll. 95^r–111^r Iuuenalem.

H Parisinus 9345, olim Cluniacensis, saeculo X scriptus. Continet foll. 95^r–104^v Persium, foll. 105^r–162^r Iuuenalem, fol. 162^r uitam Iuuenalis. Imaginem folii 129^v, in quo exarata est Epicarpii et Exuperantii subscriptio, edidit E. Chatelain.[1]

K Laurentianus 34.42 saeculo XI scriptus. Continet Iuuenalis i. 1–xvi. 33 cum uita. Imaginem folii 20^v, in quo exarata est Nicaei subscriptio, edidit E. Chatelain.[2]

L Leidensis bibl. publ. 82 saeculo XI scriptus. Continet foll. 1^r–14^r Persium, foll. 14^v–87^r Iuuenalem.

O Oxoniensis bibl. Bodleianae Canonicianus Class. Lat. 41 exeunte saeculo XI uel ineunte XII litteris quae Beneuentanae uocantur scriptus. Continet Iuuenalis saturas cum sex et triginta uersibus additiciis, de quibus haudquaquam inter doctos conuenit.[3]

T Cantabrigiensis coll. Trinitatis O IV 10 saeculo x scriptus.

[1] *Paléographie des classiques latins*, CXXXV: LEGENTE AEPICARPIO SCRINBENTIS EXVPERANTIO SERVO.

[2] *Ibidem*, cxxxiv b: LEGI EGO NICEVS APVD M. SERBIVM ROMAE ET EMENDAVI. In fol. 45^r codicis L adiecta est eadem fere subscriptio: LEGI EGO NICEVS ROME APVD SERVIVM MAGISTRVM ET EMENDAVI. Vide cxxxiv a.

[3] Codicem in lucem protulit E. O. Winstedt, *Classical Review*, xiii (1899), 201–5.

Continet foll. 1ʳ–92ʳ Iuuenalem, fol. 93ᵛ uitam Persii, foll. 94ᵛ–110ʳ Persium.

U Vaticanus Vrbinas 661 ineunte saeculo XI scriptus. Continet fol. 1ᵛ uitam Iuuenalis, foll. 2ʳ–60ʳ Iuuenalem.

Z Londinensis musei Britannici Add. 15600 exeunte saeculo IX uel ineunte X scriptus. Continet Iuuenalem.

Codices GHLOTZ ipse contuli; codicum AFKU lectiones deprompsi ex editione illa copiosissima quam anno MDCCCCL uulgauit U. Knoche.

Praeter folium Bobiense, cuius supra feci mentionem, exstant haec tria fragmenta antiquiora:

Ambr. duae scidae codicis Ambrosiani saeculo VI scripti. Continent xiv. 250–256, 268–291, 303–319. In lucem protulit A. Ratti.[1]

Ant. membrana Aegyptiaca circa annum D scripta. Continet vii. 149–98. Omni cura descripsit et edidit C. H. Roberts.[2]

Aurel. duae scidae inuolucro codicis Aurelianensis 295 olim agglutinatae, in quibus scripti erant ii. 32–89 et iii. 35–93. Ipsae deperierunt, sed cum atramentum in ligno inuolucri penitus insederit, quodam modo adhuc legi possunt. Medio saeculo IX uel paulo ante in coenobio Floriacensi uidentur esse scriptae. Summo et oculorum et ingenii acumine detexerunt A. P. McKinlay et E. K. Rand.[3]

Probus Vallae Anno MCCCCLXXXVI Venetiis prodiit editio Iuuenalis a Georgio Valla curata. In praefatione scribit inuenisse se nuper Probi grammatici in Iuuenalem commentarios, qui mirae essent breuitatis nec octauam saturam excederent. Qui commentarii unde hausti sint quisue fuerit eorum auctor pariter nescimus.

1 *Reale Istituto Lombardo di Scienze e Lettere, Rendiconti*, xlii (1909), 961–9.

2 *Journal of Egyptian Archaeology*, xxi (1935), 199–209.

3 *Harvard Studies in Classical Philology*, xlix (1938), 229–63.

Exeunte quarto demum saeculo Iuuenalis saturae, cum diu iacuissent, iterum legi magnoque in pretio esse coeperunt.[1] Ammiani Marcellini uerba haec sunt (xxviii. 4. 14): 'quidam detestantes ut uenena doctrinas Iuuenalem et Marium Maximum curatiore studio legunt, nulla uolumina praeter haec in profundo otio contrectantes.' Eodem fere tempore, id quod ex subscriptione Nicaei coniectare possumus, ueteres grammatici saturarum libros emendare et scholiis ornare curabant. Casu accidit ut grammaticorum curam prope solus, quod sciamus, falleret codex ille unde Pithoeanus eiusque adfines originem duxerunt. Atque hoc quidem praestat uel maxime Pithoeanus, quod, etsi foedissimis mendis non raro inquinatus est, aliquot tamen in locis uel solus[2] uel cum perpaucis[3] uerum seruauit. Codices ab emendatis exemplaribus deducti, eos dico quorum consensum Φ littera notaui, ut saepius inter se, ita non semper consentiunt; sed eorum adfinitates, ut ita dicam, tam uariae sunt ac mutabiles, ut nullo stemmate, sit licet uel implicatissimum, designari possint. Velut codices G et U, quos constat artiore quodam propinquitatis uinculo inter se conexos esse, modo consentiunt, modo dissentiunt.

De inductis ac uelut insiticiis uersibus magna est inter doctissimos homines dissensio. Nec defuerunt qui plures uersus Iuuenali tamquam ieiunos eiusque ingenio minores

[1] De Iuuenalis apud posteros memoria acute et copiose disputauit U. Knoche, *Handschriftliche Grundlagen des Juvenaltextes*, *Philologus*, *Supplementband*, xxxiii (1940), 31–80. Quantum huic libro debeam (est enim non mediocri doctrina refertus) iuuat hoc loco simpliciter confiteri.

[2] Cf. i. 44, 126, ii. 146, iii. 19, vii. 39, 204, 223, viii. 195, ix. 106, x. 46, 116, 263, 313, xi. 16, 148, xiii. 54, xiv. 164, 211, xv. 114.

[3] Cum Pithoeano aduersus ceteros saepius faciunt AGU, non numquam FOT, raro HKLZ.

abiudicarent. Quibus ego non adsentior; neque enim sum in hac opinione, ut credam uersus insiticios in Iuuenalis saturis posse plures reperiri. Quod ad textum constituendum attinet, uersus deleui qui meo iudicio aut aperte ficti erant aut, quamuis ipsi parum haberent offensionis, tamen contextui orationis adeo officiebant ut omnino ferri non possent; non nullos autem, qui mihi suspecti erant nec tamen protinus damnandi uidebantur, in apparatu critico adnotaui. De tota hac quaestione, uaria sane et implicata, luculente scripsit G. Jachmann.[1]

Iam uero de uersibus post vi. 365 et 373 in solo codice Oxoniensi seruatis quid ipse sentiam breuiter exponam.[2] Puto eos a Iuuenale scriptos; neque enim crediderim poetam nescio quem balbutientem tales effudisse uersus qui Latinarum litterarum studiosis tanto opere imponerent. Duplicis quae dicitur recensionis uestigia hic agnouit F. Leo:[3] cui opinioni ut non accedo, ita non omnino dissentio. Potuit enim Iuuenalis, ut qui uixerit ad summam senectutem, scripta sua retractare.

In paranda hac editione adnitebar, primum ut codicum lectiones omni cura uestigarem enotaremque, deinde ut textum utriusque poetae talem, qualis citra reprehensionem legi posset, ubique fere exhiberem. In adferendis autem codicum lectionibus, praesertim cum eos in duas quasi factiones diductos esse constaret, libertate quadam,

[1] *Nachrichten der Akademie der Wissenschaften in Göttingen, phil.-hist. Klasse* (1943), pp. 187–266.

[2] Inter eos qui de his uersibus scripserunt praecipue nominandi sunt: A. E. Housman, *Classical Review*, xiii (1899), 266–7, xv (1901), 263–6, xviii (1904), 395–8; H. L. Wilson, *American Journal of Philology*, xxii (1901), 268–82; U. Knoche, *Philologus*, xciii (1938), 196–217; B. Axelson, *ΔΡΑΓΜΑ Martino P. Nilsson a.d.* IV *Id. Iul. dedicatum* (Lundae, 1939), pp. 41–55; M. D. Reeve, *Classical Review*, n.s. xxiii (1973), 124–5; E. Courtney, *A Commentary on the Satires of Juvenal* (Londinii, 1980), ad loc.; J. A. Willis, *Mnemosyne*, xlii (1989), 441–68.

ne dicam audacia, usus sum. Leuiora enim menda et quae esse soleant in omnibus fere libris manu scriptis plerumque neglexi. Immensum scilicet uilium lectionum cumulum undique congerere nolui; nam initio id mihi proposueram, ut criticum quendam apparatum, qui eo nomine dignus euaderet, componerem.

Restat ut gratias agam cum praefectis bibliothecarum Bernensis Laurentianae Leidensis Monacensis Montepessulanae Parisinae Vaticanae, tum iis quorum ego beneuolentiam in hoc opere conficiendo expertus sum. Ex quibus libet mihi nominare uiros doctos C. W. Cole, U. Knoche, R. A. B. Mynors, S. W. Pratt, B. L. Ullman. Nec sileri uelim feminam doctam, J. Vielliard, quae singulari cum benignitate imagines photographicas mihi commodauit. Digni sunt amici, quibus praecipue gratias agam, E. J. Kenney et O. Skutsch; nam uterque hanc praefationem lima persecutus est, ille et typographi scidas emendauit. Amico exoptato, F. H. Fobes, iam gratias agere mihi non licet.

W. V. C.

Kal. Nou. MDCCCCLVIII
Amherstia ex finibus Massachusettensium

A. PERSI FLACCI
SATVRARVM LIBER

SIGLA

P	Montepessulanus bibl. med. 125
Sang.	florilegium Sangallense
A	Montepessulanus bibl. med. 212
B	Vaticanus tabularii basilicae H 36
α	consensus codicum AB
V	Vaticanus Reginensis 1560
X	Vaticanus Palatinus 1710
C	Parisinus 8055
G	Bernensis 257
L	Leidensis bibl. publ. 78
M	Monacensis 23577
N	Monacensis 14498
R	Laurentianus 37. 19
W	Monacensis 330
Φ	codices CGLMNRW uel eorum plures
Bob.	fragmentum Bobiense
S(LMU)	lemmata scholiorum quae in L et M et Monac. 14482 (U) seruata sunt
S	consensus lemmatum
Σ(LMU)	lectiones uel interpretationes ex ipsis scholiis haustae
Σ	consensus scholiorum siue scholiastes

PROLOGVS

NEC fonte labra prolui caballino
nec in bicipiti somniasse Parnaso
memini, ut repente sic poeta prodirem.
Heliconidasque pallidamque Pirenen
illis remitto quorum imagines lambunt
hederae sequaces; ipse semipaganus
ad sacra uatum carmen adfero nostrum.
quis expediuit psittaco suum 'chaere'
picamque docuit nostra uerba conari?
magister artis ingenique largitor
uenter, negatas artifex sequi uoces.
quod si dolosi spes refulserit nummi,
coruos poetas et poetridas picas
cantare credas Pegaseium nectar.

SATVRA I

O CVRAS hominum! o quantum est in rebus inane!
'quis leget haec?' min tu istud ais? nemo hercule. 'nemo?'
uel duo uel nemo. 'turpe et miserabile.' quare?
ne mihi Polydamas et Troiades Labeonem
praetulerint? nugae. non, si quid turbida Roma

choliambos ante primam saturam ponunt $X\Phi P^2\Sigma$, *post sextam* α, *om. P* 3 memini ut *Paris.* 6487, *Monac.* 19490: memini me ut $\alpha X\Phi P^2$: me memini ut *M* 4 heliconidasque *Cantab. coll. Trin. R* III 18, *Vat. Ottob.* 1647: heliconiadasque $X\Phi P^2$: aeliconiadas α*RW* 5 remitto $\alpha LNWP^2$ *et ut uid. X*: relinquo $CGMRX^2$ 9 picamque α*W*: picasque $X\Phi P^2$ nostra uerba α*X*Φ: uerba nostra GP^2 conari] '*et* blandiri *legitur*' Σ 12 refulserit $GLNWP^2S$: refulgeat α*XCMR*. '*et* refulgeat' Σ 14 pegaseium *XMS*(*M*): pegaseum αΦ*S*(*LU*): per pegaseum NWP^2 nectar α *W'S et in marg. X*: melos $X\Phi P^2$. '*in aliis* melos' Σ

eleuet, accedas examenue inprobum in illa
castiges trutina nec te quaesiueris extra.
nam Romae quis non—a, si fas dicere—sed fas
tum cum ad canitiem et nostrum istud uiuere triste
aspexi ac nucibus facimus quaecumque relictis,
cum sapimus patruos. tunc tunc—ignoscite (nolo,
quid faciam?) sed sum petulanti splene—cachinno.
  scribimus inclusi, numeros ille, hic pede liber,
grande aliquid quod pulmo animae praelargus anhelet.
scilicet haec populo pexusque togaque recenti
et natalicia tandem cum sardonyche albus
sede leges celsa, liquido cum plasmate guttur
mobile conlueris, patranti fractus ocello.
tunc neque more probo uideas nec uoce serena
ingentis trepidare Titos, cum carmina lumbum
intrant et tremulo scalpuntur ubi intima uersu.
tun, uetule, auriculis alienis colligis escas,
articulis quibus et dicas cute perditus 'ohe'?
'quo didicisse, nisi hoc fermentum et quae semel intus
innata est rupto iecore exierit caprificus?'
en pallor seniumque! o mores, usque adeone
scire tuum nihil est nisi te scire hoc sciat alter?
'at pulchrum est digito monstrari et dicier "hic est."
ten cirratorum centum dictata fuisse
pro nihilo pendes?' ecce inter pocula quaerunt
Romulidae saturi quid dia poemata narrent.

6 ue *CGLNS et ut uid. P*: que *αXMRW* 8 romae *Leid. Voss.* 13, *Bern.* 398: roma est α: romae est *PXΦS* ha *Leid. Voss.* 13: ac *PαΦ*: *om. XW*. *cf.* iii. 16, *Iuu.* xiv. 45 9 tum *αXMR*: tunc *PΦS* 11–12 *dist. Hermann scholiastam secutus, qui ordinem esse* tunc tunc cachinno *adnotauit* 14 quod *PΦS*: quo *αXM* 17 leges *Σ(LU)*: legens *PαXΦΣ(M)*. *cf. Iuu.* vii. 177 19 tunc *PG²M²*: hic *αXΦS* nec *PαXCMNR*: neque *GLWS(LU)* 23 articulis *Madvig, Aduers. crit.* ii. 128: auriculis *PαXΦSΣ* 24 quo *PGLMRS(M)*: quod *αXNS(LU)*: quid *CW* 30 pendes *PGR*: pendas *αXΦ*

hic aliquis, cui circum umeros hyacinthina laena est,
rancidulum quiddam balba de nare locutus
Phyllidas, Hypsipylas, uatum et plorabile siquid,
eliquat ac tenero subplantat uerba palato.
adsensere uiri: nunc non cinis ille poetae
felix? non leuior cippus nunc inprimit ossa?
laudant conuiuae: nunc non e manibus illis,
nunc non e tumulo fortunataque fauilla
nascentur uiolae? 'rides' ait 'et nimis uncis
naribus indulges. an erit qui uelle recuset
os populi meruisse et cedro digna locutus
linquere nec scombros metuentia carmina nec tus?'
  quisquis es, o modo quem ex aduerso dicere feci,
non ego cum scribo, si forte quid aptius exit,
quando haec rara auis est, si quid tamen aptius exit,
laudari metuam; neque enim mihi cornea fibra est.
sed recti finemque extremumque esse recuso
'euge' tuum et 'belle.' nam 'belle' hoc excute totum:
quid non intus habet? non hic est Ilias Atti
ebria ueratro? non siqua elegidia crudi
dictarunt proceres? non quidquid denique lectis
scribitur in citreis? calidum scis ponere sumen,
scis comitem horridulum trita donare lacerna,
et 'uerum' inquis 'amo, uerum mihi dicite de me.'
qui pote? uis dicam? nugaris, cum tibi, calue,
pinguis aqualiculus propenso sesquipede extet.
o Iane, a tergo quem nulla ciconia pinsit

32 circum *PCGLWS*(*LU*): circa α*XMNR Sang.* *S*(*M*) *Hieron. Epist.* liv. 5 44 feci *PΦS*: fas est α*XMR* 46 47 *hoc ordine PCLNWSΣ*: 46 *om. sed add. in marg. inf. G*: 47 46 α*XMR* 46 haec α*XΦS*(*L*)*Σ*(*LU*): hoc *PGNS*(*MU*)*Σ*(*M*) 53–104 *exhibet Bob.* 57 propenso *PXΦ Bob.*: protenso α: protento *Prisc. G.L.K.* ii. 251. *cf. Hieron. Adu. Iouin.* ii. 21, *In Hierem.* iii. 15. 3 58 pinsit] '*apud Persium ambiguum* a tergo ciconia pisat *an* pisit *legendum sit*' *Diomed. G.L.K.* i. 373

nec manus auriculas imitari mobilis albas
nec linguae quantum sitiat canis Apula tantae.
uos, o patricius sanguis, quos uiuere fas est
occipiti caeco, posticae occurrite sannae.
 'quis populi sermo est?' quis enim nisi carmina molli
nunc demum numero fluere, ut per leue seueros
effundat iunctura unguis? scit tendere uersum
non secus ac si oculo rubricam derigat uno.
siue opus in mores, in luxum, in prandia regum
dicere, res grandes nostro dat Musa poetae.
ecce modo heroas sensus adferre docemus
nugari solitos Graece, nec ponere lucum
artifices nec rus saturum laudare, ubi corbes
et focus et porci et fumosa Palilia feno,
unde Remus sulcoque terens dentalia, Quinti,
cum trepida ante boues dictatorem induit uxor
et tua aratra domum lictor tulit—euge poeta!
'est nunc Brisaei quem uenosus liber Acci,
sunt quos Pacuuiusque et uerrucosa moretur
Antiopa aerumnis cor luctificabile fulta?'
hos pueris monitus patres infundere lippos
cum uideas, quaerisne unde haec sartago loquendi
uenerit in linguas, unde istud dedecus in quo
trossulus exultat tibi per subsellia leuis?
nilne pudet capiti non posse pericula cano
pellere quin tepidum hoc optes audire 'decenter'?
'fur es' ait Pedio. Pedius quid? crimina rasis
librat in antithetis, doctas posuisse figuras

59 imitari *PGL Bob. S*: imitata est *αXΦ* 61 fas *αXΦ Bob. S(M)Σ*: ius *PGWS(LU)* 69 docemus *PGL Bob. Sang. S(M)*: uidemus *αXΦ S(LU)Σ* 74 cum *PGMNWSΣ*: quem *αXCLR Bob. fortasse subest* quom. *cf. Iuu.* iii. 37 dictatorem *PαXGMR Bob. Σ(L)*: dictaturam *CLNWS* 81 istud *XΦS*: istut *P*: istuc *αMR Bob.* 86 doctus *Scaliger*

laudatur: 'bellum hoc.' hoc bellum? an, Romule, ceues?
men moueat? quippe, et, cantet si naufragus, assem
protulerim? cantas, cum fracta te in trabe pictum
ex umero portes? uerum nec nocte paratum
plorabit qui me uolet incuruasse querella.
'sed numeris decor est et iunctura addita crudis.
cludere sic uersum didicit "Berecyntius Attis"
et "qui caeruleum dirimebat Nerea delphin,"
sic "costam longo subduximus Appennino."
"Arma uirum", nonne hoc spumosum et cortice pingui
ut ramale uetus uegrandi subere coctum?'
quidnam igitur tenerum et laxa ceruice legendum?
'torua Mimalloneis inplerunt cornua bombis,
et raptum uitulo caput ablatura superbo
Bassaris et lyncem Maenas flexura corymbis
euhion ingeminat, reparabilis adsonat echo.'
haec fierent si testiculi uena ulla paterni
uiueret in nobis? summa delumbe saliua
hoc natat in labris et in udo est Maenas et Attis
nec pluteum caedit nec demorsos sapit unguis.
'sed quid opus teneras mordaci radere uero
auriculas? uide sis ne maiorum tibi forte
limina frigescant: sonat hic de nare canina
littera.' per me equidem sint omnia protinus alba;
nil moror. euge omnes, omnes bene, mirae eritis res.
hoc iuuat? 'hic' inquis 'ueto quisquam faxit oletum.'

87 laudatur *CNRWΣ*: laudatus *GL Bob.*: laudatu *P*: laudatis *αXM* hoc hoc bellum *P Bob.*: hoc bellum *αXGLMS(LU)*: hoc bellum hoc *CN*: hoc bellum est *RWS(M)*. *cf.* 111, ii. 19 92–97 *aduersario*, 98–106 *Persio tribuerunt Marcilius et Heinrich* 96–ii. 48 *deficit G* 97 uegrandi *Porph. in Hor. Serm.* i. 2. 129, *Seru in Aen.* xi. 553: praegrandi *PαXΦS* 107 uero *αXΦS(LU)Σ*: uerbo *PR*. *cf. Iuu.* i. 161 111 omnes omnes *LN et ut uid. W*: omnes *PαXMS*: omnes etenim *CR*. *cf.* 87 *post* bene *dist. Buecheler*

pinge duos anguis: 'pueri, sacer est locus, extra
meiite.' discedo. secuit Lucilius urbem,
te Lupe, te Muci, et genuinum fregit in illis.
omne uafer uitium ridenti Flaccus amico
tangit et admissus circum praecordia ludit,
callidus excusso populum suspendere naso.
me muttire nefas? nec clam? nec cum scrobe? nusquam?
hic tamen infodiam. uidi, uidi ipse, libelle:
auriculas asini quis non habet? hoc ego opertum,
hoc ridere meum, tam nil, nulla tibi uendo
Iliade. audaci quicumque adflate Cratino
iratum Eupolidem praegrandi cum sene palles,
aspice et haec, si forte aliquid decoctius audis.
inde uaporata lector mihi ferueat aure,
non hic qui in crepidas Graiorum ludere gestit
sordidus et lusco qui possit dicere 'lusce,'
sese aliquem credens Italo quod honore supinus
fregerit heminas Arreti aedilis iniquas,
nec qui abaco numeros et secto in puluere metas
scit risisse uafer, multum gaudere paratus
si cynico barbam petulans nonaria uellat.
his mane edictum, post prandia Callirhoen do.

SATVRA II

HVNC, Macrine, diem numera meliore lapillo,
qui tibi labentis apponit candidus annos.
funde merum genio. non tu prece poscis emaci
quae nisi seductis nequeas committere diuis;
at bona pars procerum tacita libabit acerra.

119 me *αXMR*: me•*P*: men *ΦS* 121 quis non] *Persium prius scripsisse* Mida rex *et Σ et uita testantur* 129 sese *αXΦS*: seque *P*
2 apponit *αXΦSΣ*: apponet *PN* 5 libabit *αXΦΣ*: libauit *P Vat. Reg.* 1562. *cf.* iii. 93, v. 90, 97

haut cuiuis promptum est murmurque humilisque susurros
tollere de templis et aperto uiuere uoto.
'mens bona, fama, fides', haec clare et ut audiat hospes;
illa sibi introrsum et sub lingua murmurat: 'o si
ebulliat patruus, praeclarum funus!' et 'o si
sub rastro crepet argenti mihi seria dextro
Hercule! pupillumue utinam, quem proximus heres
inpello, expungam; nam et est scabiosus et acri
bile tumet. Nerio iam tertia conditur uxor.'
haec sancte ut poscas, Tiberino in gurgite mergis
mane caput bis terque et noctem flumine purgas.
heus age, responde (minimum est quod scire laboro)
de Ioue quid sentis? estne ut praeponere cures
hunc—cuinam? cuinam? uis Staio? an—scilicet haeres?
quis potior iudex puerisue quis aptior orbis?
hoc igitur quo tu Iouis aurem inpellere temptas
dic agedum Staio. 'pro Iuppiter, o bone' clamet
'Iuppiter!' at sese non clamet Iuppiter ipse?
ignouisse putas quia, cum tonat, ocius ilex
sulpure discutitur sacro quam tuque domusque?
an quia non fibris ouium Ergennaque iubente
triste iaces lucis euitandumque bidental,
idcirco stolidam praebet tibi uellere barbam
Iuppiter? aut quidnam est qua tu mercede deorum
emeris auriculas? pulmone et lactibus unctis?

10 ebulliat patruus *NS*: ebulli•t (a *eras.*) patru• (s *eras. ut uid.*) *P*: ebullit patrui *αXΦ*   13 expungam *ΦS*(*LU*)*Σ*: expuncant *ut uid. P*: expungas *αXR Porph. in Hor. Serm.* ii. 6. 12   nam et *αXΦ*: nam *PWS*: nam hic *L*: namque *Lond. mus. Brit. Reg.* 15 *B* XIX, *Paris.* 8070   14 conditur *PαXΦSΣ*: ducitur *N Seru. in Georg.* iv. 256   15 poscas *PΦS*(*LU*)*Σ*: poscat *αX*   mergis *PXΦΣ*: merges *NW*: mergit *α*   16 purgas *PXΦΣ Pseudacro in Hor. Epist.* i. 1. 37: purgat *α Seru. in Aen.* viii. 69. *cf. Hieron. In Isai. proph.* xviii. 66. 17, *Epist.* xlix. 15. 6   18 ne *PΦS*: *om. αXM*   19 cuinam cuinam *XΦS*(*LU*): cuinam *PαS*(*M*). *cf.* i. 87   26–34 *exhibet V*

ecce auia aut metuens diuum matertera cunis
exemit puerum frontemque atque uda labella
infami digito et lustralibus ante saliuis
expiat, urentis oculos inhibere perita;
tunc manibus quatit et spem macram supplice uoto
nunc Licini in campos, nunc Crassi mittit in aedis:
'hunc optet generum rex et regina, puellae
hunc rapiant; quidquid calcauerit hic, rosa fiat.'
ast ego nutrici non mando uota. negato,
Iuppiter, haec illi, quamuis te albata rogarit.
poscis opem neruis corpusque fidele senectae.
esto age. sed grandes patinae tuccetaque crassa
adnuere his superos uetuere Iouemque morantur.
rem struere exoptas caeso boue Mercuriumque
arcessis fibra: 'da fortunare Penatis,
da pecus et gregibus fetum.' quo, pessime, pacto,
tot tibi cum in flamma iunicum omenta liquescant?
et tamen hic extis et opimo uincere ferto
intendit: 'iam crescit ager, iam crescit ovile,
iam dabitur, iam iam'—donec deceptus et exspes
nequiquam fundo suspiret nummus in imo.
si tibi creterras argenti incusaque pingui
auro dona feram, sudes et pectore laeuo
excutiat guttas laetari praetrepidum cor.
hinc illud subiit, auro sacras quod ouato

37 optet *αXΦS*: optent *P Paris.* 9345, *Hieron. Epist.* xl. 2 40 rogarit *PCLW*: rogabit *αXMNR* 41 poscis *PLNWS*: poscit *αXCMR* 42 grandes *PLNWS*: pingues *αXCMR*. *cf. Hor. Serm.* ii. 2. 95–96 45 arcessis *CL*: accessis *α*: accersis *PXΦ Prisc. G.L.K.* ii. 433. *cf.* v. 172 47 flamma *LWS*(*LU*) *et post ras. M*: flammas *αXMNR*: flammis *PC*. *cf. Cat.* 90. 6, *Hor. Serm.* i. 5. 99–100 48 et tamen *P Bern.* 648: at tamen *αXΦS*. *cf.* v. 159 49 *redit G* 52 creterras *αX et fortasse ante corr. M*: crateras *PΦS Seru. in Aen.* i. 723, *Isid. Orig.* xx. 5. 3. *cf. Prisc. G.L.K.* ii. 219 54 excutiat *PαXMRW*: excutias *CGLNSΣ*

perducis facies. 'nam fratres inter aenos,
somnia pituita qui purgatissima mittunt,
praecipui sunto sitque illis aurea barba.'
aurum uasa Numae Saturniaque inpulit aera
Vestalisque urnas et Tuscum fictile mutat.
o curuae in terris animae et caelestium inanis,
quid iuuat hoc, templis nostros inmittere mores
et bona dis ex hac scelerata ducere pulpa?
haec sibi corrupto casiam dissoluit oliuo,
haec Calabrum coxit uitiato murice uellus,
haec bacam conchae rasisse et stringere uenas
feruentis massae crudo de puluere iussit.
peccat et haec, peccat, uitio tamen utitur. at uos
dicite, pontifices, in sancto quid facit aurum?
nempe hoc quod Veneri donatae a uirgine pupae.
quin damus id superis, de magna quod dare lance
non possit magni Messalae lippa propago?
conpositum ius fasque animo sanctosque recessus
mentis et incoctum generoso pectus honesto.
haec cedo ut admoueam templis et farre litabo.

SATVRA III

Nempe haec adsidue. iam clarum mane fenestras
intrat et angustas extendit lumine rimas.
stertimus, indomitum quod despumare Falernum
sufficiat, quinta dum linea tangitur umbra.
'en quid agis? siccas insana canicula messes
iam dudum coquit et patula pecus omne sub ulmo est'

61 terras *Lact. Diu. inst.* ii. 2. 18 *codd. praeter Bonon.* 65 haec *αXΦS*: et *P Vind.* 131 69 sanctis *Hist. Aug. Alex. Seuer.* 44 73 animo *PαXMNR Lact. Diu. inst.* ii. 4. 11: animi *CGLW schol. Stat. Theb.* ii. 247

unus ait comitum. uerumne? itan? ocius adsit
huc aliquis. nemon? turgescit uitrea bilis:
findor, ut Arcadiae pecuaria rudere credas.
iam liber et positis bicolor membrana capillis
inque manus chartae nodosaque uenit harundo.
tum querimur crassus calamo quod pendeat umor.
nigra sed infusa uanescit sepia lympha,
dilutas querimur geminet quod fistula guttas.
o miser inque dies ultra miser, hucine rerum
uenimus? a, cur non potius teneroque columbo
et similis regum pueris pappare minutum
poscis et iratus mammae lallare recusas?
an tali studeam calamo? cui uerba? quid istas
succinis ambages? tibi luditur. effluis amens,
contemnere. sonat uitium percussa, maligne
respondet uiridi non cocta fidelia limo.
udum et molle lutum es, nunc nunc properandus et acri
fingendus sine fine rota. sed rure paterno
est tibi far modicum, purum et sine labe salinum
(quid metuas?) cultrixque foci secura patella.
hoc satis? an deceat pulmonem rumpere uentis
stemmate quod Tusco ramum millesime ducis
censoremue tuum uel quod trabeate salutas?
ad populum phaleras! ego te intus et in cute noui.
non pudet ad morem discincti uiuere Nattae.
sed stupet hic uitio et fibris increuit opimum

9 credas *Leid. Voss.* 13, *Norimberg. Σ Eutyches G.L.K.* v. 471, *schol. Stat. Theb.* iv. 45 *cod. Monac.* 19482: oridas *P*: dicas *αXΦS Seru. in Georg.* iii. 328, 374, *in Aen.* vii. 16, viii. 248, *schol. Stat. ibid. codd. Paris.* 8603 *et* 8604. *cf. Auson. Epigr.* v. 3   12 tum *GW*: tunc *PαXΦ*   13 sed *PαXCMR*: quod *GLNWS*   uanescit *P Bern.* 542: uanescat *αXΦS*(*LU*)   16 a α: at *XΦ*: aut *PCMS*(*LU*)*Σ*. *cf.* i. 8   columbo *PGLNSΣ Seru. in Aen.* v. 213: palumbo *αXCMRW*. *cf. Hor. Carm.* i. 2. 10   26 patella *αXΦSΣ*: patella est P   29 ue *PGLNWS*(*LM*) *Seru. in Aen.* iii. 382, *Prisc. G.L.K.* iii. 208, 211: que *αXCMR*

pingue, caret culpa, nescit quid perdat, et alto
demersus summa rursus non bullit in unda.
magne pater diuum, saeuos punire tyrannos
haut alia ratione uelis, cum dira libido
mouerit ingenium feruenti tincta ueneno:
uirtutem uideant intabescantque relicta.
anne magis Siculi gemuerunt aera iuuenci
et magis auratis pendens laquearibus ensis
purpureas subter ceruices terruit, 'imus,
imus praecipites' quam si sibi dicat et intus
palleat infelix quod proxima nesciat uxor?
saepe oculos, memini, tangebam paruus oliuo,
grandia si nollem morituri uerba Catonis
discere non sano multum laudanda magistro,
quae pater adductis sudans audiret amicis.
iure; etenim id summum, quid dexter senio ferret,
scire erat in uoto, damnosa canicula quantum
raderet, angustae collo non fallier orcae,
neu quis callidior buxum torquere flagello.
haut tibi inexpertum curuos deprendere mores
quaeque docet sapiens bracatis inlita Medis
porticus, insomnis quibus et detonsa iuuentus
inuigilat siliquis et grandi pasta polenta;
et tibi quae Samios diduxit littera ramos
surgentem dextro monstrauit limite callem.
stertis adhuc laxumque caput conpage soluta
oscitat hesternum dissutis undique malis.

34 rursus *PαXCMR*: rursum *GLNW*. *cf. Iuu.* xii. 76   45–46 morituri uerba catonis discere (dicere *N*) *αXΦ*: morituro (i *supra scr. L*) uerba catonis dicere *L et ante corr. Monac.* 6292: morituro uerba catoni dicere *PΣ*   46 non sano *PGLNS*: et insano *αXCMR*: ab insano (ab in *in ras.* W^2) *W Leid. Voss.* 13   48 summum *PΦ Prisc. G.L.K.* iii. 415; summo *αXCM*   56 diduxit *LWS*(*U*): deduxit *PαXΦS*(*L*) *Isid. Orig.* i. 3. 7   57 callem *Φ Isid. ibid.*: collem *PαX*. *cf. Anth. Lat.* 632. 3

est aliquid quo tendis et in quod derigis arcum?
an passim sequeris coruos testaque lutoque,
securus quo pes ferat, atque ex tempore uiuis?
  elleborum frustra, cum iam cutis aegra tumebit,
poscentis uideas; uenienti occurrite morbo,
et quid opus Cratero magnos promittere montis?
discite et, o miseri, causas cognoscite rerum:
quid sumus et quidnam uicturi gignimur, ordo
quis datus, aut metae qua mollis flexus et unde,
quis modus argento, quid fas optare, quid asper
utile nummus habet, patriae carisque propinquis
quantum elargiri deceat, quem te deus esse
iussit et humana qua parte locatus es in re.
disce nec inuideas quod multa fidelia putet
in locuplete penu, defensis pinguibus Vmbris,
et piper et pernae, Marsi monumenta clientis,
maenaque quod prima nondum defecerit orca.
  hic aliquis de gente hircosa centurionum
dicat: 'quod sapio satis est mihi. non ego curo
esse quod Arcesilas aerumnosique Solones
obstipo capite et figentes lumine terram,
murmura cum secum et rabiosa silentia rodunt
atque exporrecto trutinantur uerba labello,
aegroti ueteris meditantes somnia, gigni
de nihilo nihilum, in nihilum nil posse reuerti.

60 quod *P*: quo *αXΦS(LU)* 66–72 *adferunt Paris.* 8071, *August. De ciu. dei* ii. 6, *Iob. Saresber. Policrat.* iii. 2 66 et o miseri *Paris.* 7647 *et* 17903, *Iob. Saresber.*: o miseri et *PαXΦ Sang. S Paris.* 8071, *August.* 67 et *PαXCMNR August.*: aut *GLWS Paris.* 8071, *Iob. Saresber.* 68 datus *PΦS(LU) Paris.* 8071, *August.*: datur *αXMR Iob. Saresber.* qua mollis *αX August. codd. meliores*: quam illos *Paris.* 8071: quam mollis *PΦS(LU) Iob. Saresber.* 71 elargiri *PΦ Iob. Saresber.*: largiri *αXMRSΣ Paris.* 8071, *August.* 73 nec *PαXM*: neque *ΦS* 78 sapio satis est *P Leid. Voss.* 13 *S*: satis est sapio *αXΦΣ* 84 nihilum in *PαXRS(LU)Σ Isid. Orig.* i. 36. 17: nihil in *Φ*

hoc est quod palles? cur quis non prandeat hoc est?'
his populus ridet, multumque torosa iuuentus
ingeminat tremulos naso crispante cachinnos.
'inspice, nescio quid trepidat mihi pectus et aegris
faucibus exsuperat grauis halitus, inspice sodes'
qui dicit medico, iussus requiescere, postquam
tertia conpositas uidit nox currere uenas,
de maiore domo modice sitiente lagoena
lenia loturo sibi Surrentina rogabit.
'heus bone, tu palles.' 'nihil est.' 'uideas tamen istuc,
quidquid id est. surgit tacite tibi lutea pellis.'
'at tu deterius palles, ne sis mihi tutor.
iam pridem hunc sepeli; tu restas.' 'perge, tacebo.'
turgidus hic epulis atque albo uentre lauatur,
gutture sulpureas lente exhalante mefites.
sed tremor inter uina subit calidumque trientem
excutit e manibus, dentes crepuere retecti,
uncta cadunt laxis tunc pulmentaria labris.
hinc tuba, candelae, tandemque beatulus alto
conpositus lecto crassisque lutatus amomis
in portam rigidas calces extendit. at illum
hesterni capite induto subiere Quirites.
'tange, miser, uenas et pone in pectore dextram;
nil calet hic. summosque pedes attinge manusque;
non frigent.' uisa est si forte pecunia, siue
candida uicini subrisit molle puella,
cor tibi rite salit? positum est algente catino
durum holus et populi cribro decussa farina:
temptemus fauces; tenero latet ulcus in ore

93 sibi *PΦΣ*: tibi *αXM* rogabit *W Treu.* 1089: rogauit *PGLN*: rogabis *αXCMR*. *cf.* ii. 5 94 istuc *P*: istud *αXΦS*(*LU*) 99 *incipit V* 105 rigidas *PαVGLNS*(*LU*): rigidos *XCMRW* 108 attinge *PαVXCMR*: attende *GLNWS*

putre quod haut deceat plebeia radere beta.
alges, cum excussit membris timor albus aristas;
nunc face supposita feruescit sanguis et ira
scintillant oculi, dicisque facisque quod ipse
non sani esse hominis non sanus iuret Orestes.

SATVRA IV

'Rem populi tractas?' (barbatum haec crede magistrum
dicere, sorbitio tollit quem dira cicutae)
'quo fretus? dic hoc, magni pupille Pericli.
scilicet ingenium et rerum prudentia uelox
ante pilos uenit, dicenda tacendaue calles.
ergo ubi commota feruet plebecula bile,
fert animus calidae fecisse silentia turbae
maiestate manus. quid deinde loquere? "Quirites,
hoc puta non iustum est, illud male, rectius illud."
scis etenim iustum gemina suspendere lance
ancipitis librae, rectum discernis ubi inter
curua subit uel cum fallit pede regula uaro,
et potis es nigrum uitio praefigere theta.
quin tu igitur summa nequiquam pelle decorus
ante diem blando caudam iactare popello
desinis, Anticyras melior sorbere meracas?
quae tibi summa boni est? uncta uixisse patella
semper et adsiduo curata cuticula sole?
expecta, haut aliud respondeat haec anus. i nunc,
"Dinomaches ego sum" suffla, "sum candidus." esto,

115 alges *PΦSΣ*: alget *αVXMR* 118 esse *PΦS*(*LU*): est *αVXMR* 2 dira *PVXΦ Isid. Orig.* xvii. 9. 71: dura *αGL* 3 hoc *PαVXΦS*(*M*): o *GLS*(*LU*) pericli *PΦΣ*: periclis *αVXM* 5 ue *PMR*: que *αVXΦS* 9 puta *PαG et ut uid. VNW Prisc. G.L.K.* iii. 65: puto *XCLMR* 13 es *ΦS*(*LU*)*Σ*: est *PαVXMN Isid. Orig.* i. 24. 1

dum ne deterius sapiat pannucia Baucis,
cum bene discincto cantauerit ocima uernae.'
ut nemo in sese temptat descendere, nemo,
sed praecedenti spectatur mantica tergo!
quaesieris 'nostin Vettidi praedia?' 'cuius?'
'diues arat Curibus quantum non miluus errat.'
'hunc ais, hunc dis iratis genioque sinistro,
qui, quandoque iugum pertusa ad compita figit,
seriolae ueterem metuens deradere limum
ingemit "hoc bene sit" tunicatum cum sale mordens
cepe et farratam pueris plaudentibus ollam
pannosam faecem morientis sorbet aceti?'
at si unctus cesses et figas in cute solem,
est prope te ignotus cubito qui tangat et acre
despuat: 'hi mores! penemque arcanaque lumbi
runcantem populo marcentis pandere uuluas.
tum, cum maxillis balanatum gausape pectas,
inguinibus quare detonsus gurgulio extat?
quinque palaestritae licet haec plantaria uellant
elixasque nates labefactent forcipe adunca,
non tamen ista filix ullo mansuescit aratro.'
caedimus inque uicem praebemus crura sagittis.
uiuitur hoc pacto, sic nouimus. ilia subter
caecum uulnus habes, sed lato balteus auro
praetegit. ut mauis, da uerba et decipe neruos,
si potes. 'egregium cum me uicinia dicat,
non credam?' uiso si palles, inprobe, nummo,

26 errat *PαXMSΣ et ut uid. V*: oberrat *NRWV*^{2}: oberret *CGL* 29 ueterem *PCLNW*: ueteris *αVXGMR* 31 farratam . . . ollam *αVXΦ*: farrata . . . olla *P Monac.* 6292 *et* 19489. *cf.* v. 61 33 figas *PCLMNS*(*U*): frigas *αV*: fricas *XGRWS*(*L*) 35 hi *PαVGLMS*: in *XCNRW* 37 tum *Vat. Reg.* 1562: tu *CLWS*: tunc *PαVXGMR*: tun *N*. *cf. Iuu.* v. 138, viii. 131 40 forcipe *PΦ*: forpice *RV*^{2}: forfice *αVXM*

si facis in penem quidquid tibi uenit, amarum
si puteal multa cautus uibice flagellas,
nequiquam populo bibulas donaueris aures.
respue quod non es; tollat sua munera cerdo.
tecum habita: noris quam sit tibi curta supellex.

SATVRA V

Vatibvs hic mos est, centum sibi poscere uoces,
centum ora et linguas optare in carmina centum,
fabula seu maesto ponatur hianda tragoedo,
uolnera seu Parthi ducentis ab inguine ferrum.
'quorsum haec? aut quantas robusti carminis offas
ingeris, ut par sit centeno gutture niti?
grande locuturi nebulas Helicone legunto,
si quibus aut Procnes aut si quibus olla Thyestae
feruebit saepe insulso cenanda Glyconi.
tu neque anhelanti, coquitur dum massa camino,
folle premis uentos nec clauso murmure raucus
nescio quid tecum graue cornicaris inepte
nec scloppo tumidas intendis rumpere buccas.
uerba togae sequeris iunctura callidus acri,
ore teres modico, pallentis radere mores
doctus et ingenuo culpam defigere ludo.
hinc trahe quae dicis mensasque relinque Mycenis
cum capite et pedibus plebeiaque prandia noris.'
non equidem hoc studeo, pullatis ut mihi nugis
pagina turgescat dare pondus idonea fumo.
secrete loquimur. tibi nunc hortante Camena

48 *dist. Jahn* 49–v. 163 *deficit M* 52 noris *PLNW Sang. S*: ut noris *αVXCGR*

17 dicis *PαGLRS(LU)*: dices *CN*: dicas *VXW* 19 pullatis *PαVXΦSΣ*: bullatis *W Leid. Voss.* 13. '*legitur et* bullatis' *Σ* 21 secrete *Pα*: secreti *VXΦS*

excutienda damus praecordia, quantaque nostrae
pars tua sit, Cornute, animae, tibi, dulcis amice,
ostendisse iuuat. pulsa, dinoscere cautus
quid solidum crepet et pictae tectoria linguae.
hic ego centenas ausim deposcere fauces,
ut quantum mihi te sinuoso in pectore fixi
uoce traham pura, totumque hoc uerba resignent
quod latet arcana non enarrabile fibra.
  cum primum pauido custos mihi purpura cessit
bullaque subcinctis Laribus donata pependit,
cum blandi comites totaque inpune Subura
permisit sparsisse oculos iam candidus umbo,
cumque iter ambiguum est et uitae nescius error
diducit trepidas ramosa in compita mentes,
me tibi supposui. teneros tu suscipis annos
Socratico, Cornute, sinu. tum fallere sollers
adposita intortos extendit regula mores
et premitur ratione animus uincique laborat
artificemque tuo ducit sub pollice uoltum.
tecum etenim longos memini consumere soles
et tecum primas epulis decerpere noctes.
unum opus et requiem pariter disponimus ambo
atque uerecunda laxamus seria mensa.
non equidem hoc dubites, amborum foedere certo
consentire dies et ab uno sidere duci.
nostra uel aequali suspendit tempora Libra
Parca tenax ueri, seu nata fidelibus hora
diuidit in Geminos concordia fata duorum
Saturnumque grauem nostro Ioue frangimus una,
nescio quod certe est quod me tibi temperat astrum.

26 hic *αGLN*: hinc *C Bern.* 398: his *PVXRWS*   fauces *PA*²: uoces *αVXΦS*   35 diducit *VXCR*: deducit *PαΦS*: traducit *Seru. in Aen.* vi. 136   36 supposui *CNΣ(M)*: seposui *PαVXΦS(LU)Σ(LU)*   45–51 *dist. Housman*

mille hominum species et rerum discolor usus;
uelle suum cuique est nec uoto uiuitur uno.
mercibus hic Italis mutat sub sole recenti
rugosum piper et pallentis grana cumini,
hic satur inriguo mauult turgescere somno,
hic campo indulget, hunc alea decoquit, ille
in uenerem putris; sed cum lapidosa cheragra
fregerit articulos, ueteris ramalia fagi,
tunc crassos transisse dies lucemque palustrem
et sibi iam seri uitam ingemuere relictam.
at te nocturnis iuuat inpallescere chartis;
cultor enim iuuenum purgatas inseris aures
fruge Cleanthea. petite hinc, puerique senesque,
finem animo certum miserisque uiatica canis.
'cras hoc fiet.' idem cras fiat. 'quid? quasi magnum
nempe diem donas!' sed cum lux altera uenit,
iam cras hesternum consumpsimus; ecce aliud cras
egerit hos annos et semper paulum erit ultra.
nam quamuis prope te, quamuis temone sub uno
uertentem sese frustra sectabere canthum,
cum rota posterior curras et in axe secundo.
libertate opus est. non hac, ut quisque Velina
Publius emeruit, scabiosum tesserula far
possidet. heu steriles ueri, quibus una Quiritem
uertigo facit! hic Dama est non tresis agaso,
uappa lippus et in tenui farragine mendax.
uerterit hunc dominus, momento turbinis exit

58 putris] '*legitur et* putret' *Σ* sed *CGLS*: set *N*: et *PαVXRW* 59 fregerit *PΦ*: fecerit *αVX*. '*digitos frangit ac tortuosos facit*' *Σ*. *cf. Hor. Serm.* ii. 7. 15–16 61 uitam . . . relictam *αVXΦS*(*LU*): uita . . . relicta *P*. *cf.* iv. 31 63 enim *αVXΦ*: enim es•(t *eras.*) *P* 64 puerique *PαVXC RWSΣ*: iuuenesque *GLN* 66 cras—idem *in unum enuntiatum conclusit Hermann. cf. Ouid. Rem.* 104 fiat *αVXGW et ut uid. R*: fiet *PCLNS*(*LU*) 73–74 *dist. Conington* 78 turbinis *PCN*: temporis *αVXΦ*

Marcus Dama. papae! Marco spondente recusas
credere tu nummos? Marco sub iudice palles?
Marcus dixit, ita est. adsigna, Marce, tabellas.
haec mera libertas, hoc nobis pillea donant.
'an quisquam est alius liber, nisi ducere uitam
cui licet ut libuit? licet ut uolo uiuere, non sum
liberior Bruto?' 'mendose colligis' inquit
Stoicus hic aurem mordaci lotus aceto,
'hoc relicum accipio, "licet" illud et "ut uolo" tolle.'
'uindicta postquam meus a praetore recessi,
cur mihi non liceat, iussit quodcumque uoluntas,
excepto siquid Masuri rubrica uetabit?'
disce, sed ira cadat naso rugosaque sanna,
dum ueteres auias tibi de pulmone reuello.
non praetoris erat stultis dare tenuia rerum
officia atque usum rapidae permittere uitae;
sambucam citius caloni aptaueris alto.
stat contra ratio et secretam garrit in aurem,
ne liceat facere id quod quis uitiabit agendo.
publica lex hominum naturaque continet hoc fas,
ut teneat uetitos inscitia debilis actus.
diluis elleborum, certo conpescere puncto
nescius examen? uetat hoc natura medendi.
nauem si poscat sibi peronatus arator
luciferi rudis, exclamet Melicerta perisse
frontem de rebus. tibi recto uiuere talo
ars dedit et ueris speciem dinoscere calles,

82 hoc *PVΦ*: haec *αXCS* 84 libuit *αVXCRW*: uoluit *PGLNS* sum *αVXΦ*: sim *PGL* 87 hoc reliqum *P*: haec reliqua *αVXΦ* 90 uetabit *Vat. Reg.* 1562 *sicut coni. Heinrich*: uetauit *PαVXΦ*. *cf.* ii. 5 97 id *PGLNS(M)*: *om.* *αVXCRWS(LU)* uitiabit *CLN*: uitiauit *PαVXGRW*. *cf.* ii. 5 105 ueris speciem *P*: ueri speciem *N Paris.* 8272, *Prisc. G.L.K.* ii. 433: ueri specimen *αXΦ*: ueri spe uen(di noscere) *V*. '*similitudinem ueritatis*' *Σ*. *cf. Hor. Serm.* ii. 3. 208–9

ne qua subaerato mendosum tinniat auro?
quaeque sequenda forent quaeque euitanda uicissim,
illa prius creta, mox haec carbone notasti?
es modicus uoti, presso lare, dulcis amicis?
iam nunc adstringas, iam nunc granaria laxes,
inque luto fixum possis transcendere nummum
nec gluttu sorbere saliuam Mercurialem?
'haec mea sunt, teneo' cum uere dixeris, esto
liberque ac sapiens praetoribus ac Ioue dextro.
sin tu, cum fueris nostrae paulo ante farinae.
pelliculam ueterem retines et fronte politus
astutam uapido seruas in pectore uolpem,
quae dederam supra relego funemque reduco.
nil tibi concessit ratio; digitum exere, peccas,
et quid tam paruum est? sed nullo ture litabis,
haereat in stultis breuis ut semuncia recti.
haec miscere nefas nec, cum sis cetera fossor,
tris tantum ad numeros Satyrum moueare Bathylli.
'liber ego.' unde datum hoc sumis, tot subdite rebus?
an dominum ignoras nisi quem uindicta relaxat?
'i, puer, et strigiles Crispini ad balnea defer'
si increpuit, 'cessas nugator?', seruitium acre
te nihil inpellit nec quicquam extrinsecus intrat
quod neruos agitet; sed si intus et in iecore aegro
nascuntur domini, qui tu inpunitior exis
atque hic quem ad strigilis scutica et metus egit erilis?
mane piger stertis. 'surge' inquit Auaritia, 'eia
surge.' negas. instat. 'surge' inquit. 'non queo.' 'surge.'

109 es *αVXΦ*: et *PC et ut uid. N* 112 gluttu *P*: glutto *αVXΦS*(*LU*) 116 politus *PVGLN*: politas α: polita *XCRW* 117 in *PαX*: sub *VΦS* 118 relego *PαVXCRW*: repeto *GLNS*(*LU*) 123 satyrum *αVX sicut coni. Casaubon:* satyri *PΦΣ Pseudacro in Hor. Epist.* ii. 2. 125 124 sumis *PN*: sentis *αVXΦS*(*LU*). *cf. Hor. Serm.* ii. 2. 31 130 qui *Paris.* 8070, *Bern.* 398: quid *αRW*: quin *PVXΦ*. *cf. Hor. Serm.* ii. 7. 105

'et quid agam?' 'rogat! en saperdas aduehe Ponto,
castoreum, stuppas, hebenum, tus, lubrica Coa.
tolle recens primus piper et sitiente camelo.
uerte aliquid; iura.' 'sed Iuppiter audiet.' 'eheu,
baro, regustatum digito terebrare salinum
contentus perages, si uiuere cum Ioue tendis.'
iam pueris pellem succinctus et oenophorum aptas.
ocius ad nauem! nihil obstat quin trabe uasta
Aegaeum rapias, ni sollers Luxuria ante
seductum moneat: 'quo deinde, insane, ruis, quo?
quid tibi uis? calido sub pectore mascula bilis
intumuit quam non extinxerit urna cicutae?
tu mare transilias? tibi torta cannabe fulto
cena sit in transtro Veiientanumque rubellum
exhalet uapida laesum pice sessilis obba?
quid petis? ut nummi, quos hic quincunce modesto
nutrieras, pergant auidos sudare deunces?
indulge genio, carpamus dulcia, nostrum est
quod uiuis, cinis et manes et fabula fies,
uiue memor leti, fugit hora, hoc quod loquor inde est.'
en quid agis? duplici in diuersum scinderis hamo.
huncine an hunc sequeris? subeas alternus oportet
ancipiti obsequio dominos, alternus oberres.
nec tu, cum obstiteris semel instantique negaris
parere imperio, 'rupi iam uincula' dicas;
nam et luctata canis nodum abripit, et tamen illi,
cum fugit, a collo trahitur pars longa catenae.

134 rogat *C Valent.* 410 *S*(*LU*): rogas *PαVXGLRΣ*: rogitas *NW* saperdas *PαVXΦS*(*LU*)*Σ*: saperdam *NW* 136 et *PαVXCRW*: e *GN*: ex *L Paris.* 8048 137 audiet *αVXΦ*: audiat *PLS*(*U*) 141 obstat *PGLN*: obstet *αVXCRW* 145 quam *PΦS*(*LU*)*Σ*: quod *αVXRW* 146 tu *PαVX*: tun *Φ* 150 pergant *αXΦ*: stergant *V*: peragant *PRW*. *cf. Iuu.* xiv. 122 sudare *PΦ*: sudore *αVXLR* 159 et tamen *αVXRW*: at tamen *P*: ast tamen *GLN*: tamen *C*. *cf.* ii. 48

'Daue, cito, hoc credas iubeo, finire dolores
praeteritos meditor' (crudum Chaerestratus unguem
adrodens ait haec). 'an siccis dedecus obstem
cognatis? an rem patriam rumore sinistro
limen ad obscenum frangam, dum Chrysidis udas
ebrius ante fores extincta cum face canto?'
'euge, puer, sapias, dis depellentibus agnam
percute.' 'sed censen plorabit, Daue, relicta?'
'nugaris. solea, puer, obiurgabere rubra,
ne trepidare uelis atque artos rodere casses.
nunc ferus et uiolens; at, si uocet, haut mora dicas
"quidnam igitur faciam? nec nunc, cum arcessat et ultro
supplicet, accedam?" si totus et integer illinc
exieras, nec nunc.' hic hic quod quaerimus, hic est,
non in festuca, lictor quam iactat ineptus.
ius habet ille sui, palpo quem ducit hiantem
cretata Ambitio? 'uigila et cicer ingere large
rixanti populo, nostra ut Floralia possint
aprici meminisse senes. quid pulchrius?' at cum
Herodis uenere dies unctaque fenestra
dispositae pinguem nebulam uomuere lucernae
portantes uiolas rubrumque amplexa catinum
cauda natat thynni, tumet alba fidelia uino,
labra moues tacitus recutitaque sabbata palles.
tum nigri lemures ouoque pericula rupto,
tum grandes galli et cum sistro lusca sacerdos
incussere deos inflantis corpora, si non

164 *redit M*   171 *in hoc uersu desinit X*   172 nec *PαVMNRW*: ne *CGL et post ras. N*   arcessat *PG et* (or *supra scr.*) *L*: arcessor *N*: accessor *αC*: accersor *VMRW*. *cf.* ii. 45, *Hor. Serm.* ii. 3. 262–3, *Ter. Eun.* 46–47   174 nec *N Paris.* 8272: ne *PGLR et post ras. N*: nunc *αVMW*: non *C Valent.* 410   quod *PαVCGMS(LU) et post corr. L*: quem *LNRWΣ*   175 quam *PGLMNS(LU)*: quem *αVCRW*   176 *dist. Buecheler*   ducit *αVΦ*: tollit *P*

praedictum ter mane caput gustaueris ali.
  dixeris haec inter uaricosos centuriones,
continuo crassum ridet Pulfenius ingens
et centum Graecos curto centusse licetur.

SATVRA VI

Admovit iam bruma foco te, Basse, Sabino?
iamne lyra et tetrico uiuunt tibi pectine chordae?
mire opifex numeris ueterum primordia uocum
atque marem strepitum fidis intendisse Latinae,
mox iuuenes agitare iocos et pollice honesto
egregius lusisse senex. mihi nunc Ligus ora
intepet hibernatque meum mare, qua latus ingens
dant scopuli et multa litus se ualle receptat.
'Lunai portum, est operae, cognoscite, ciues.'
cor iubet hoc Enni, postquam destertuit esse
Maeonides Quintus pauone ex Pythagoreo.
hic ego securus uolgi et quid praeparet auster
infelix pecori, securus et angulus ille
uicini nostro quia pinguior, etsi adeo omnes
ditescant orti peioribus, usque recusem
curuus ob id minui senio aut cenare sine uncto
et signum in uapida naso tetigisse lagoena.
discrepet his alius. geminos, horoscope, uaro
producis genio: solis natalibus est qui
tinguat holus siccum muria uafer in calice empta,
ipse sacrum inrorans patinae piper; hic bona dente
grandia magnanimus peragit puer. utar ego, utar,

190 pulfenius *P*: fulfenius *α*: fuluenius *N*: pulfennius *GL*: fulfennius *V Vat. Reg.* 1562: fuluennius *M Paris.* 8049: uulfennius *CRW*

3 uocum *αVΦS*: rerum *P*   6 egregius *PαVGL*: egregios *Φ*   lusisse *PΦS*: iussisse *αVMR*   senex *PαVGL*: senes *Φ*   9 cognoscite *αVΦ*: cognoscere *P Leid. Voss.* 13 *Σ*

nec rhombos ideo libertis ponere lautus
nec tenuis sollers turdarum nosse saliuas.
messe tenus propria uiue et granaria (fas est)
emole. quid metuas? occa et seges altera in herba est.
at uocat officium, trabe rupta Bruttia saxa
prendit amicus inops remque omnem surdaque uota
condidit Ionio, iacet ipse in litore et una
ingentes de puppe dei iamque obuia mergis
costa ratis lacerae; nunc et de caespite uiuo
frange aliquid, largire inopi, ne pictus oberret
caerulea in tabula. sed cenam funeris heres
negleget iratus quod rem curtaueris; urnae
ossa inodora dabit, seu spirent cinnama surdum
seu ceraso peccent casiae nescire paratus.
'tune bona incolumis minuas?' et Bestius urguet
doctores Graios: 'ita fit; postquam sapere urbi
cum pipere et palmis uenit nostrum hoc maris expers,
fenisecae crasso uitiarunt unguine pultes.'
haec cinere ulterior metuas? at tu, meus heres
quisquis eris, paulum a turba seductior audi.
o bone, num ignoras? missa est a Caesare laurus
insignem ob cladem Germanae pubis et aris
frigidus excutitur cinis ac iam postibus arma,
iam chlamydas regum, iam lutea gausapa captis
essedaque ingentesque locat Caesonia Rhenos.
dis igitur genioque ducis centum paria ob res

23 rombos *PCGLNSΣ*: scombros *αVMRW* 24 tenuis *PαVCMRW*: tenuem *GLN* turdarum *PGLNWΣ Explan. in Don. G.L.K.* iv. 494, *Pomp. G.L.K.* v. 161: turdorum *αVCMR* saliuas *PαVCMRW*: saliuam *GLN* 26 metuas *PL*: metuis *αVΦ* 27 at *Vat. Reg.* 1562: a• *P*: ast *αVΦS* 35 inodora *PVΦ Sang. SΣ*: inhonora *αΣ* 37 et *αVΦ*: sed *NS et* (ed *in ras. P*[2]) *P* 40 crasso *ΦΣ*: crassa *PαVGM* 46 clamidas *PGLS*(*LU*): clamides *αVΦ Prisc. G.L.K.* ii. 333, 350 captis *VGLMNS et* (ca *in ras.*) *P Prisc. ibid.*: uictis *αCRIV*

egregie gestas induco. quis uetat? aude.
uae, nisi coniues. oleum artocreasque popello
largior. an prohibes? dic clare. 'non adeo' inquis
'exossatus ager iuxta est.' age, si mihi nulla
iam reliqua ex amitis, patruelis nulla, proneptis
nulla manet patrui, sterilis matertera uixit
deque auia nihilum superest, accedo Bouillas
cliuumque ad Virbi, praesto est mihi Manius heres.
'progenies terrae?' quaere ex me quis mihi quartus
sit pater: haut prompte, dicam tamen; adde etiam unum,
unum etiam: terrae est iam filius et mihi ritu
Manius hic generis prope maior auunculus exit.
qui prior es, cur me in decursu lampada poscis?
sum tibi Mercurius; uenio deus huc ego ut ille
pingitur. an renuis? uis tu gaudere relictis?
'dest aliquid summae.' minui mihi, sed tibi totum est
quidquid id est. ubi sit, fuge quaerere, quod mihi quondam
legarat Tadius, neu dicta, 'pone paterna,
fenoris accedat merces, hinc exime sumptus,
quid relicum est?' relicum? nunc nunc inpensius ungue,
ungue, puer, caules. mihi festa luce coquatur
urtica et fissa fumosum sinciput aure,
ut tuus iste nepos olim satur anseris extis,
cum morosa uago singultiet inguine uena,
patriciae inmeiat uoluae? mihi trama figurae
sit reliqua, ast illi tremat omento popa uenter?
  uende animam lucro, mercare atque excute sollers
omne latus mundi, ne sit praestantior alter

51 adeo α *Leid.Voss.* 13 *et ut uid.* *Σ(LU)*: audeo *PVΦS* 60 exit α*VΦ*: exstat *P* 61 poscis α*VMRW*: poscas *PCGLN* 63 uis *PCGLSΣ*: uin α*VMNRW* 66–68 *dist. Buecheler et Conington* 66 pone *P*α*VGLMNS*: repone *CRW* 69 coquatur *PGMN Sang.*: coquetur α*VCLRWS(LU)* 76 ne *PGLRΣ*: nec α*VCMNWS(M)*: neu *S(LU)*. *cf. Iuu.* xiv. 66

Cappadocas rigida pinguis plausisse catasta,
rem duplica. 'feci; iam triplex, iam mihi quarto,
iam decies redit in rugam. depunge ubi sistam,
inuentus, Chrysippe, tui finitor acerui.'

77 plausisse *PCW Sang. Σ*: clausisse *GL*: pausisse *Bern. A* 92 *pars* 30: pauisse *αVMNR* 79 depunge *PαVCLMRS(M)*: depinge *GNWS(LU) et post ras. C*

VITA AVLIS PERSI FLACCI DE COMMENTARIO PROBI VALERI SVBLATA

SIGLA

H Guelferbytanus Gudianus 79
N Monacensis 14498

L Leidensis bibl. publ. 78
M Monacensis 23577
T Cantabrigiensis coll. Trinitatis O IV 10

V Vaticanus Reginensis 1560

VITA PERSI

AVLES PERSIVS FLACCVS natus est pridie Non. Dec. Fabio Persico L. Vitellio coss., decessit VIII Kal. Dec. P. Mario Afinio Gallo coss.

natus in Etruria Volaterris, eques Romanus, sanguine et affinitate primi ordinis uiris coniunctus, decessit ad VIII miliarium uia Appia in praediis suis.

pater eum Flaccus pupillum reliquit moriens annorum fere VI. Fuluia Sisennia nupsit postea Fusio equiti Romano et eum quoque extulit intra paucos annos.

studuit Flaccus usque ad annum XII aetatis suae Volaterris, inde Romae apud grammaticum Remmium Palaemonem et apud rhetorem Verginium Flauum. cum esset annorum XVI, amicitia coepit uti Annaei Cornuti, ita ut nusquam ab eo discederet; inductus aliquatenus in philosophiam est.

amicos habuit a prima adulescentia Caesium Bassum poetam et Calpurnium Staturam, qui uiuo eo iuuenis decessit. coluit ut patrem Seruilium Nonianum. cognouit per

2 uitellio *V*: uitellioque *HNLMT* decessit *HNLMT*: decessit autem *V* Publio *Lipsius*: rubrio *NLMT*: r *H* Afinio *Buecheler*: asinio *NLMTV*: a *H*. *cf. Degrassi, I Fasti Consolari dell' Impero Romano p.* 17 4 natus *HNLMT*: natus est *V* Volaterris *Pithoeus*: uolterris *HNLMT*: uulterris *V*. *item in* 10. *'Persius Flaccus satyricus poeta Volaterris nascitur' Hieron. in Euseb. Chron.* (*ed. Helm p.* 176) 7 flaccus *om. M*, *del. Buecheler* 8 fere *om. V* *'se ipsum Persius significat cessisse in Liguriae fines, uidelicet propter Fuluiam Sisenniam* (*sisennam Σ* [*L*]: *sisinniam Σ* [*U*]) *matrem suam, quae post mortem prioris uiri ibi nupta erat' Σ ad* vi. 6 sisennia *HN*: sisenna *LMTV* fusio *HN*: fuscio *MT*: fuscia *V*: fusico *L Monac.* 14781: Fufio *Ernesti. cf. Schulze, Zur Geschichte lat. Eigennamen p.* 171 10 studuit *HNLMT*: studuit uero *V* 15 *'hanc satiram scribit ad Caesium Bassum liricum poetam, quem fama est in praediis suis positum ardente Veseuo monte Campaniae et late ignibus abundante cum uilla sua ustum' Σ ad* vi. 1 17 ut *N et supra scr. H*: *om. LMTV* nonianum *H sicut coni. Gronouius*: nomianum *NLMTV* *'alloquitur*

Cornutum etiam Annaeum Lucanum, aeque tum auditorem Cornuti. nam Cornutus illo tempore tragicus fuit sectae poeticae, qui libros philosophiae reliquit. sed Lucanus mirabatur adeo scripta Flacci, ut uix se retineret recitantem a clamore: quae illius essent uera esse poemata, se ludos facere. sero cognouit et Senecam, sed non ut caperetur eius ingenio. usus est apud Cornutum duorum conuictu doctissimorum et sanctissimorum uirorum acriter tunc philosophantium, Claudi Agathini medici Lacedaemonii et Petroni Aristocratis Magnetis, quos unice miratus est et aemulatus, cum aequales essent Cornuti, minor ipse. idem decem fere annis summe dilectus a Paeto Thrasea est, ita ut peregrinaretur quoque cum eo aliquando, cognatam eius Arriam uxorem habente.

fuit morum lenissimorum, uerecundiae uirginalis, famae pulchrae, pietatis erga matrem et sororem et amitam exemplo sufficientis. fuit frugi, pudicus.

reliquit circa HS uicies matri et sorori. scriptis tantum ad

Macrinum sicut hominem eruditum et paterno se affectu diligentem, qui in domo Seruili didicerat, a quo agellum comparauerat indulto sibi pretio aliquantulo' Σ ad ii. 1 18 aeque tum *MTV*: equitum *L*: aequeuum *HN* 19–20 nam—sed *del. Bergk* 19 fuit sectae *NLMTV*: sectae fuit *H* 20 poeticae] Stoicae *Pithoeus* 20–22 sed—facere *om. V* 21 a *Pithoeus*: *om. HNLMT* 22 quae illius essent uera esse poemata se ludos facere *Clausen* (se ludos facere *iam Villeneuve*): quae illa ipsa uera esse poemata suo ludo faceret *H*: quae ille esse uera poemata suo ludo faceret *N*: quae illa esse uera ipsa poemata ipse luto facere *L*: quae illa esse uera ipsa poemata solutum facere *M*: quae illa esse uera ipsa poemata ipsum lutum facere *T*: quin illa uera esse poemata diceret *Monac.* 14781 *et codd. deteriores* 24–31 usus—habente *om. V* 25 tunc *HNL*: tum *MT* 26 Agathini *Osann*: agaturini *NT*: agaturrini *HM*: agaturrhini *L*: Agathemeri *Reinesius. cf. Kaibel, Epigr. Graec.* 554 *et* 558 Aristocratis *Pithoeus*: aristotegratis *HNLMT* 28 minor *Buecheler*: minores *HNLMT* 29 a Paeto *Lipsius*: apeti *NLMT*: apud *H Monac.* 14781 thrasea *LMT*: thraseam *HN* 30 arriam *LT*: arriani *HNM* 33–41 pietatis—tarde *om. V* 34 fuit—pudicus *del. Leo* 35 sestertia *Treu.* 1089, *Monac.* 14781: sestertias *HNLMT*. *item in* 36 matrem codicillis Cornuto rogauit ut daret HS $\overline{\text{xx}}$, aut ut quidam, $\overline{\text{c}}$; ut alii uolunt, et argenti facti pondo uiginti et libros circa septingentos Chrysippi siue bibliothecam suam omnem. uerum Cornutus sublatis libris pecuniam sororibus, quas heredes frater fecerat, reliquit.

scriptitauit et raro et tarde; hunc ipsum librum inperfectum reliquit. uersus aliqui dempti sunt ultimo libro, ut quasi finitus esset. leuiter contraxit Cornutus et Caesio Basso, petenti ut ipse ederet, tradidit edendum. scripserat in pueritia Flaccus etiam praetextam †uescio† et †opericon† librum unum et paucos [sororum Thraseae] in Arriam matrem uersus, quae se ante uirum occiderat. omnia ea auctor fuit Cornutus matri eius ut aboleret. editum librum continuo mirari homines et diripere coeperunt.

decessit autem uitio stomachi anno aetatis xxx.

sed mox ut a schola magistrisque deuertit, lecto Lucili libro decimo uehementer saturas componere instituit. cuius libri principium imitatus est, sibi primo, mox omnibus detrectaturus cum tanta recentium poetarum et oratorum

36 $\overline{\text{xx}}$ *Clausen*: uicies *HN*: *om. LMT*   aut ut *N*: ut aut *H*: ut *LT*: et *M*   37 centum *Lond. mus. Brit. Reg.* 15 *B* XIX *sicut coni. Casaubon et Gronouius*: centies *HNLMT*   pondo *LM*: pondera *HNT*   38–40 Chrysippi—reliquit *Duentzer*, uerum—reliquit *Breitinger Bouhier Oudendorp subditiua iudicauerunt*   39 Cornutus *Pithoeus*: a cornuto *HNLMT*   41 scriptitauit *Lond. mus. Brit. Reg.* 15 *B* XIX, *Monac.* 19490: et scriptitauit *HNT*: *om. LM*   42 libro *HN*: libri *Treu.* 1089, *Monac.* 19490: ibi *LMTV*   ut *LMT*: et *HNV*   43 finitus *N Treu.* 1089: finitum *HLMTV*   contraxit *HM*: contractauit *LV*: contrauit *T*: contra et *in ras. N*: correxit *Laur.* 37. 20: retractauit *Bouhier*   44–49 scripserat—coeperunt *om. V*   45 uescio] *latet nomen proprium*   opericon] *ὁδοιπορικῶν Pithoeus*   46 sororum Thraseae *del. Clausen*: in sororem thrasiae *Lond. mus. Brit. Reg.* 15 *B* XIX: in socrum Thraseae *Casaubon, quo recepto* in Arriam matrem *del. Jahn*   48 aboleret *ed. Veneta* 1499: aborreret *T*: abhorreret *HN*: aborteret *L*: abortes et *M*   50–59 decessit—arbitraretur *del. Heinrich*   50 '*Persius moritur anno aetatis* XXVIIII' *Hieron. in Euseb. Chron.* (*ed. Helm p.* 183)   53 detrectaturus *NV*: detractaturus *T*: detracturus *H*: detractatus *L*: detractus *M*   54 et oratorum *om. V*

insectatione, ut etiam Neronem illius temporis principem inculpauerit. cuius uersus in Neronem cum ita se haberet: *auriculas asini Mida rex habet*, in eum modum a Cornuto, ipse tantummodo, est emendatus: *auriculas asini quis non habet?* ne hoc in se Nero dictum arbitraretur.

55 illius temporis principem *HLMTV*: principem illius temporis *N* 56–59 '*et dicitur Neronem et Claudium tetigisse sub allegoria Midae, qui aures maximas habuerunt. denique Persius hoc mutauit ita componens* (*ponens* *Σ* [*U*]) auriculas asini quis non habet. *sed ueritus est ne Nero in se dictum putaret*' *Σ ad* i. 121 56 haberet *Treu.* 1089, *Monac.* 14781: haberent *HNLMTV* 58 ipse tantummodo est emendatus *NLMTV*: ipse emendatus in tantummodo *H*

D. IVNI IVVENALIS
SATVRARVM LIBRI V

SIGLA

P	Montepessulanus bibl. med. 125
Arou.	fragmenta Arouiensia
Sang.	florilegium Sangallense
S	lemmata scholiorum quae in P et Sang. seruata sunt
R	Parisinus 8072
V	Vindobonensis 107
A	Monacensis 408
F	Parisinus 8071
G	Parisinus 7900 A
H	Parisinus 9345
K	Laurentianus 34.42
L	Leidensis bibl. publ. 82
O	Oxoniensis bibl. Bodleianae Canon. Class. Lat. 41
T	Cantabrigiensis coll. Trinitatis O IV 10
U	Vaticanus Vrbinas 661
Z	Londinensis mus. Britannici Add. 15600
Φ	codices AFGHKLOTUZ uel eorum plures
Ambr.	fragmenta Ambrosiana
Ant.	fragmentum Antinoense
Aurel.	fragmentum Aurelianense
Bob.	fragmentum Bobiense
Σ	scholiastes

LIBER PRIMVS

SATVRA I

SEMPER ego auditor tantum? numquamne reponam
uexatus totiens rauci Theseide Cordi?
inpune ergo mihi recitauerit ille togatas,
hic elegos? inpune diem consumpserit ingens
Telephus aut summi plena iam margine libri
scriptus et in tergo necdum finitus Orestes?
nota magis nulli domus est sua quam mihi lucus
Martis et Aeoliis uicinum rupibus antrum
Vulcani; quid agant uenti, quas torqueat umbras
Aeacus, unde alius furtiuae deuehat aurum
pelliculae, quantas iaculetur Monychus ornos,
Frontonis platani conuolsaque marmora clamant
semper et adsiduo ruptae lectore columnae.
expectes eadem a summo minimoque poeta.
et nos ergo manum ferulae subduximus, et nos
consilium dedimus Sullae, priuatus ut altum
dormiret. stulta est clementia, cum tot ubique
uatibus occurras, periturae parcere chartae.
cur tamen hoc potius libeat decurrere campo,
per quem magnus equos Auruncae flexit alumnus,
si uacat ac placidi rationem admittitis, edam.
  cum tener uxorem ducat spado, Meuia Tuscum
figat aprum et nuda teneat uenabula mamma,
patricios omnis opibus cum prouocet unus

2 cordi *PSΣ Seru. in Aen.* xi. 458: codri *RVΦ Seru. in Aen.* i *praef. cf.* iii. 203, 208   3 togatam *Explan. in Don. G.L.K.* iv. 524   14 *del. Dobree*   16 dedimus syllae *PRVΦ*: syllae dedimus *AL schol. Stat. Theb.* i. 389   21 ac *PRO*: et *VΦ*   24–25 *om. GHKOTZ*, *non interpretatur Σ*, *del. Knoche. cf.* x. 226

quo tondente grauis iuueni mihi barba sonabat,
cum pars Niliacae plebis, cum uerna Canopi
Crispinus Tyrias umero reuocante lacernas
uentilet aestiuum digitis sudantibus aurum
nec sufferre queat maioris pondera gemmae,
difficile est saturam non scribere. nam quis iniquae
tam patiens urbis, tam ferreus, ut teneat se,
causidici noua cum ueniat lectica Mathonis
plena ipso, post hunc magni delator amici
et cito rapturus de nobilitate comesa
quod superest, quem Massa timet, quem munere palpat
Carus et a trepido Thymele summissa Latino;
cum te summoueant qui testamenta merentur
noctibus, in caelum quos euehit optima summi
nunc uia processus, uetulae uesica beatae?
unciolam Proculeius habet, sed Gillo deuncem,
partes quisque suas ad mensuram inguinis heres.
accipiat sane mercedem sanguinis et sic
palleat ut nudis pressit qui calcibus anguem
aut Lugudunensem rhetor dicturus ad aram.
quid referam quanta siccum iecur ardeat ira,
cum populum gregibus comitum premit hic spoliator
pupilli prostantis et hic damnatus inani
iudicio? quid enim saluis infamia nummis?
exul ab octaua Marius bibit et fruitur dis
iratis, at tu uictrix, prouincia, ploras.
haec ego non credam Venusina digna lucerna?
haec ego non agitem? sed quid magis? Heracleas
aut Diomedeas aut mugitum labyrinthi
et mare percussum puero fabrumque uolantem,

44 lugudunensem *P*: lugdunensem *RVΦ* 46 premit *PRΦ*: premat *VK* 47 et *PO Sang.*: at *RVΦ* 50 *dist. Housman* 52 heracleas *PSRV Probus et cod. Vallae*: herculeias *Φ*

cum leno accipiat moechi bona, si capiendi
ius nullum uxori, doctus spectare lacunar,
doctus et ad calicem uigilanti stertere naso;
cum fas esse putet curam sperare cohortis
qui bona donauit praesepibus et caret omni
maiorum censu, dum peruolat axe citato
Flaminiam puer Automedon? nam lora tenebat
ipse, lacernatae cum se iactaret amicae.
nonne libet medio ceras inplere capaces
quadriuio, cum iam sexta ceruice feratur
hinc atque inde patens ac nuda paene cathedra
et multum referens de Maecenate supino
signator falsi, qui se lautum atque beatum
exiguis tabulis et gemma fecerit uda?
occurrit matrona potens, quae molle Calenum
porrectura uiro miscet sitiente rubetam
instituitque rudes melior Lucusta propinquas
per famam et populum nigros efferre maritos.
aude aliquid breuibus Gyaris et carcere dignum,
si uis esse aliquid. probitas laudatur et alget;
criminibus debent hortos, praetoria, mensas,
argentum uetus et stantem extra pocula caprum.
quem patitur dormire nurus corruptor auarae,
quem sponsae turpes et praetextatus adulter?
si natura negat, facit indignatio uersum
qualemcumque potest, quales ego uel Cluuienus.
  ex quo Deucalion nimbis tollentibus aequor
nauigio montem ascendit sortesque poposcit
paulatimque anima caluerunt mollia saxa

67 falsi *PRV sicut coni. Markland*: falsum *G*: falso *Φ* 68 fecerit *PSRVHKOTZ*: fecerat *AGLU* 69 occurrat *Heinrich*, *qui signum interrogationis post 72 posuit* 70 rubetam *Φ*: rubeta *PRV sicut coni. Plathner*

et maribus nudas ostendit Pyrrha puellas,
quidquid agunt homines, uotum, timor, ira, uoluptas,
gaudia, discursus, nostri farrago libelli est.
et quando uberior uitiorum copia? quando
maior auaritiae patuit sinus? alea quando
hos animos? neque enim loculis comitantibus itur
ad casum tabulae, posita sed luditur arca.
proelia quanta illic dispensatore uidebis
armigero! simplexne furor sestertia centum
perdere et horrenti tunicam non reddere seruo?
quis totidem erexit uillas, quis fercula septem
secreto cenauit auus? nunc sportula primo
limine parua sedet turbae rapienda togatae.
ille tamen faciem prius inspicit et trepidat ne
suppositus uenias ac falso nomine poscas:
agnitus accipies. iubet a praecone uocari
ipsos Troiugenas, nam uexant limen et ipsi
nobiscum. 'da praetori, da deinde tribuno.'
sed libertinus prior est. 'prior' inquit 'ego adsum.
cur timeam dubitemue locum defendere, quamuis
natus ad Euphraten, molles quod in aure fenestrae
arguerint, licet ipse negem? sed quinque tabernae
quadringenta parant. quid confert purpura maior
optandum, si Laurenti custodit in agro
conductas Coruinus ouis, ego possideo plus
Pallante et Licinis?' expectent ergo tribuni,
uincant diuitiae, sacro ne cedat honori
nuper in hanc urbem pedibus qui uenerat albis,
quandoquidem inter nos sanctissima diuitiarum
maiestas, etsi funesta Pecunia templo

86 farrago libelli est *PRAOU*: farra libelli *V*: est farrago libelli *Φ*
98 ac *PRAU*: et *VΦ* 110 ne *PRHOT*: nec *VΦ*

nondum habitat, nullas nummorum ereximus aras,
ut colitur Pax atque Fides, Victoria, Virtus
quaeque salutato crepitat Concordia nido.
sed cum summus honor finito conputet anno,
sportula quid referat, quantum rationibus addat,
quid facient comites quibus hinc toga, calceus hinc est
et panis fumusque domi? densissima centum
quadrantes lectica petit, sequiturque maritum
languida uel praegnas et circumducitur uxor.
hic petit absenti nota iam callidus arte
ostendens uacuam et clausam pro coniuge sellam.
'Galla mea est' inquit, 'citius dimitte. moraris?
profer, Galla, caput. noli uexare, quiescet.'
  ipse dies pulchro distinguitur ordine rerum:
sportula, deinde forum iurisque peritus Apollo
atque triumphales, inter quas ausus habere
nescio quis titulos Aegyptius atque Arabarches,
cuius ad effigiem non tantum meiere fas est.
uestibulis abeunt ueteres lassique clientes
uotaque deponunt, quamquam longissima cenae
spes homini; caulis miseris atque ignis emendus.
optima siluarum interea pelagique uorabit
rex horum uacuisque toris tantum ipse iacebit.
nam de tot pulchris et latis orbibus et tam
antiquis una comedunt patrimonia mensa.
nullus iam parasitus erit. sed quis ferat istas
luxuriae sordes? quanta est gula quae sibi totos
ponit apros, animal propter conuiuia natum!
poena tamen praesens, cum tu deponis amictus

114 habitat *PRVOTΣ*: habitas *Φ* 115 atque *PVΦ*: firma *R* 126 'profer Galla caput *qui erogat dicit*, noli uexare *maritus*' *Σ* quiescet *P*: quiescit *RVΦ* *post* 131 *uersus aliquot excidisse censuit Housman* 134 caulis *PRV*: caules *Φ*

turgidus et crudum pauonem in balnea portas.
hinc subitae mortes atque intestata senectus.
it noua nec tristis per cunctas fabula cenas;
ducitur iratis plaudendum funus amicis.
  nil erit ulterius quod nostris moribus addat
posteritas, eadem facient cupientque minores,
omne in praecipiti uitium stetit. utere uelis,
totos pande sinus. dices hic forsitan 'unde
ingenium par materiae? unde illa priorum
scribendi quodcumque animo flagrante liberet
simplicitas? "cuius non audeo dicere nomen?
quid refert dictis ignoscat Mucius an non?"
pone Tigillinum, taeda lucebis in illa
qua stantes ardent qui fixo gutture fumant,
et latum media sulcum deducit harena.'
qui dedit ergo tribus patruis aconita, uehatur
pensilibus plumis atque illinc despiciat nos?
'cum ueniet contra, digito compesce labellum:
accusator erit qui uerbum dixerit "hic est."
securus licet Aenean Rutulumque ferocem
committas, nulli grauis est percussus Achilles
aut multum quaesitus Hylas urnamque secutus:
ense uelut stricto quotiens Lucilius ardens
infremuit, rubet auditor cui frigida mens est
criminibus, tacita sudant praecordia culpa.

143 crudum *VΦ Phocas G.L.K.* v. 426: crudus *PRH*   145 it *AL*^{2}: et *PRVΦ*   148 facient cupientque *PRAGLOT*: cupient facientque *VHKUZ*   150 dices *PRO*: dicas *VΦ*. *cf.* xiv. 295–6   155 lucebis *RVALOUΣ*: lucebit *PGHKTZ*   156 gutture *VΦΣ Probus Vallae*: pectore *PRAO*   *post* 156 *unum uersum excidisse censuit Housman. cf. Madvig, Opusc. acad. pp.* 541–2   157 deducit *PRVΦ*: deducis *LO*   158 uehatur *PRVHKOUZ*: ueheatur *Vat. Pal.* 1701, *Leid. Voss.* 64: uehetur *AGLT*   159 despiciat *VU*: despiciaet *PR*: despiciet *Φ*   161 uerbum *man. recentior in P, codd. Vallae*: uersum *PR*: uersu *V*: uerum *Φ*. *cf. Pers.* i. 107

inde ira et lacrimae. tecum prius ergo uoluta
haec animo ante tubas: galeatum sero duelli
paenitet.' experiar quid concedatur in illos
quorum Flaminia tegitur cinis atque Latina.

SATVRA II

VLTRA Sauromatas fugere hinc libet et glacialem
Oceanum, quotiens aliquid de moribus audent
qui Curios simulant et Bacchanalia uiuunt.
indocti primum, quamquam plena omnia gypso
Chrysippi inuenias; nam perfectissimus horum,
si quis Aristotelen similem uel Pittacon emit
et iubet archetypos pluteum seruare Cleanthas.
frontis nulla fides; quis enim non uicus abundat
tristibus obscenis? castigas turpia, cum sis
inter Socraticos notissima fossa cinaedos?
hispida membra quidem et durae per bracchia saetae
promittunt atrocem animum, sed podice leui
caeduntur tumidae medico ridente mariscae.
rarus sermo illis et magna libido tacendi
atque supercilio breuior coma. uerius ergo
et magis ingenue Peribomius; hunc ego fatis
inputo, qui uultu morbum incessuque fatetur.
horum simplicitas miserabilis, his furor ipse
dat ueniam; sed peiores, qui talia uerbis
Herculis inuadunt et de uirtute locuti
clunem agitant. 'ego te ceuentem, Sexte, uerebor?'
infamis Varillus ait, 'quo deterior te?'

168 ira *AGKLO*: irae *PSRVHTUZ*. *cf. Cypr. Hept. Gen.* 895
169 animo ante tubas *AZ*: animo ante tubam *L*: anime ante tubas *VGO Prisc. G.L.K.* iii. 236: animante tubas *PRKU*: animante tuba *HT*
5 horum *PRV*: horum est *Φ*

loripedem rectus derideat, Aethiopem albus.
quis tulerit Gracchos de seditione querentes?
quis caelum terris non misceat et mare caelo
si fur displiceat Verri, homicida Miloni,
Clodius accuset moechos, Catilina Cethegum,
in tabulam Sullae si dicant discipuli tres?
qualis erat nuper tragico pollutus adulter
concubitu, qui tunc leges reuocabat amaras
omnibus atque ipsis Veneri Martique timendas,
cum tot abortiuis fecundam Iulia uuluam
solueret et patruo similes effunderet offas.
nonne igitur iure ac merito uitia ultima fictos
contemnunt Scauros et castigata remordent?
   non tulit ex illis toruum Laronia quendam
clamantem totiens 'ubi nunc, lex Iulia, dormis?'
atque ita subridens: 'felicia tempora, quae te
moribus opponunt. habeat iam Roma pudorem:
tertius e caelo cecidit Cato. sed tamen unde
haec emis, hirsuto spirant opobalsama collo
quae tibi? ne pudeat dominum monstrare tabernae.
quod si uexantur leges ac iura, citari
ante omnis debet Scantinia. respice primum
et scrutare uiros; faciunt peiora, sed illos
defendit numerus iunctaeque umbone phalanges.
magna inter molles concordia. non erit ullum
exemplum in nostro tam detestabile sexu.
Tedia non lambit Cluuiam nec Flora Catullam:
Hispo subit iuuenes et morbo pallet utroque.
numquid nos agimus causas, ciuilia iura

30 reuocabat *PRV*: reuocarat *Φ*   31 ipsis *PRΦ*: ipsi *VU*   32–89 *laceros exhibet Aurel.*   34 ultima *VΦ Aurel.*: omnia *PRO*   37 *dist. Housman*   45 peiora *Herwerden*: nam plura *O et ut uid. P*: qui plura *R*: hi plura *VΦP²* *et ut uid. Aurel. cf.* xiv. 57   49 tedia *VΦ*: media *PSR*: meuia *P²*: Vedia *Hermann. cf.* i. 22

nouimus aut ullo strepitu fora uestra mouemus?
luctantur, paucae, comedunt colyphia paucae.
uos lanam trahitis calathisque peracta refertis
uellera, uos tenui praegnantem stamine fusum
Penelope melius, leuius torquetis Arachne,
horrida quale facit residens in codice paelex.
notum est cur solo tabulas inpleuerit Hister
liberto, dederit uiuus cur multa puellae.
diues erit magno quae dormit tertia lecto.
tu nube atque tace: donant arcana cylindros.
de nobis post haec tristis sententia fertur?
dat ueniam coruis, uexat censura columbas.'
  fugerunt trepidi uera ac manifesta canentem
Stoicidae; quid enim falsi Laronia? sed quid
non facient alii, cum tu multicia sumas,
Cretice, et hanc uestem populo mirante perores
in Proculas et Pollittas? est moecha Fabulla;
damnetur, si uis, etiam Carfinia: talem
non sumet damnata togam. 'sed Iulius ardet,
aestuo.' nudus agas: minus est insania turpis.
en habitum quo te leges ac iura ferentem
uulneribus crudis populus modo uictor et illud
montanum positis audiret uulgus aratris.
quid non proclames, in corpore iudicis ista
si uideas? quaero an deceant multicia testem.
acer et indomitus libertatisque magister,
Cretice, perluces. dedit hanc contagio labem
et dabit in plures, sicut grex totus in agris
unius scabie cadit et porrigine porci

60–106 *deficit V* 60 eris . . . dormis *Probus Vallae* 67—iii. 31 *deficit R* 68 pollitas *P et ut uid. O*: polit*** *Aurel.*: pollutas *U*: pollucas *L*: polliutas *K*: polliucas *Φ* fabulla *PS*: labulla *Φ*. *cf. Mart.* iv. 9. 1, xi. 24. 4, 9, xii. 93. 2 69 Carfania *Cuiacius*. *cf. Vlp. Dig.* iii. 1. 1. 5 80 porrigine *Φ Aurel.*: prurigine *PALZ*

uuaque conspecta liuorem ducit ab uua.
foedius hoc aliquid quandoque audebis amictu;
nemo repente fuit turpissimus. accipient te
paulatim qui longa domi redimicula sumunt
frontibus et toto posuere monilia collo
atque bonam tenerae placant abdomine porcae
et magno cratere deam. sed more sinistro
exagitata procul non intrat femina limen:
solis ara deae maribus patet. 'ite, profanae,'
clamatur, 'nullo gemit hic tibicina cornu.'
talia secreta coluerunt orgia taeda
Cecropiam soliti Baptae lassare Cotyton.
ille supercilium madida fuligine tinctum
obliqua producit acu pingitque trementis
attollens oculos; uitreo bibit ille priapo
reticulumque comis auratum ingentibus implet
caerulea indutus scutulata aut galbina rasa
et per Iunonem domini iurante ministro;
ille tenet speculum, pathici gestamen Othonis,
Actoris Aurunci spolium, quo se ille uidebat
armatum, cum iam tolli uexilla iuberet.
res memoranda nouis annalibus atque recenti
historia, speculum ciuilis sarcina belli.
nimirum summi ducis est occidere Galbam
et curare cutem, summi constantia ciuis
Bebriaci campis solium adfectare Palati
et pressum in faciem digitis extendere panem,

92 cotyton *SUΣ et* (*alt.* t *in ras.* P^2) *P*: cotillon *O*: cocyton *Φ* 93 tinctum *L Guelf. Gud.* 156, *Prisc. G.L.K.* ii. 162 *et in ras.* P^2: tactum *Φ Prisc. ibid. p.* 259: tectum *O* 106 bebriaci *Φ*: bebriacis *PS*: bebriaci• *U* campis *PS*: campi *T*: campo *Φ* solium *Vat. Reg.* 2029 *sicut coni. Herwerden*: spolium *Φ et in ras.* P^2: sese (ese *in ras.* O^2) *O. cf. Claud. In Eutrop.* ii. 457 107 faciem *AKLO*: facie *GHTUZ*: faciet *V*: facie• *P*

quod nec in Assyrio pharetrata Sameramis orbe
maesta nec Actiaca fecit Cleopatra carina.
hic nullus uerbis pudor aut reuerentia mensae,
hic turpis Cybeles et fracta uoce loquendi
libertas et crine senex fanaticus albo
sacrorum antistes, rarum ac memorabile magni
gutturis exemplum conducendusque magister.
quid tamen expectant, Phrygio quos tempus erat iam
more superuacuam cultris abrumpere carnem?
quadringenta dedit Gracchus sestertia dotem
cornicini, siue hic recto cantauerat aere;
signatae tabulae, dictum 'feliciter,' ingens
cena sedet, gremio iacuit noua nupta mariti.
o proceres, censore opus est an haruspice nobis?
scilicet horreres maioraque monstra putares,
si mulier uitulum uel si bos ederet agnum?
segmenta et longos habitus et flammea sumit
arcano qui sacra ferens nutantia loro
sudauit clipeis ancilibus. o pater urbis,
unde nefas tantum Latiis pastoribus? unde
haec tetigit, Gradiue, tuos urtica nepotes?
traditur ecce uiro clarus genere atque opibus uir,
nec galeam quassas nec terram cuspide pulsas
nec quereris patri. uade ergo et cede seueri
iugeribus campi, quem neglegis. 'officium cras
primo sole mihi peragendum in ualle Quirini.'
quae causa officii? 'quid quaeris? nubit amicus
nec multos adhibet.' liceat modo uiuere, fient,
fient ista palam, cupient et in acta referri.

108 assyrio . . . orbe *PΦ*: asyria . . . urbe *V sicut coni. Hadr. Valesius* sameramis *PSV*: samiramis *OU*: semiramis *Φ* 111 turpis *PVΦ*: turpes *HT* cybeles et *PΦ*: cybeles set *V*: ciuele est *Vat.* 3286 116 abrumpere *PΦ*: abscindere *L*: abscidere *VKZ*: excidere *H. cf. Claud. In Eutrop.* i. 280 133 ualle *VΦΣ*: ualle colle *PS. cf. Ouid. Fast.* iv. 375

interea tormentum ingens nubentibus haeret
quod nequeant parere et partu retinere maritos.
sed melius, quod nil animis in corpora iuris
natura indulget: steriles moriuntur, et illis
turgida non prodest condita pyxide Lyde,
nec prodest agili palmas praebere luperco.
uicit et hoc monstrum tunicati fuscina Gracchi,
lustrauitque fuga mediam gladiator harenam
et Capitolinis generosior et Marcellis
et Catuli Paulique minoribus et Fabiis et
omnibus ad podium spectantibus, his licet ipsum
admoueas cuius tunc munere retia misit.
  esse aliquos manes et subterranea regna,
Cocytum et Stygio ranas in gurgite nigras,
atque una transire uadum tot milia cumba
nec pueri credunt, nisi qui nondum aere lauantur.
sed tu uera puta: Curius quid sentit et ambo
Scipiadae, quid Fabricius manesque Camilli,
quid Cremerae legio et Cannis consumpta iuuentus,
tot bellorum animae, quotiens hinc talis ad illos
umbra uenit? cuperent lustrari, si qua darentur
sulpura cum taedis et si foret umida laurus.
illic heu miseri traducimur. arma quidem ultra
litora Iuuernae promouimus et modo captas
Orcadas ac minima contentos nocte Britannos,
sed quae nunc populi fiunt uictoris in urbe
non faciunt illi quos uicimus. et tamen unus

138 nequeant *PO*: nequeunt *VΦ*   140 indulget *PSΦ*: indulsit *V*   moriuntur *PVAO*: morientur *Φ*   146 catuli paulique *P*: catulis paulisque *VΦ*   148–55 *exhibet Arou.*   150 cocitum *Liutprand. Antapod.* v. 8 'esse aliquos manes et subterranea regna *in quibus periuri puniantur*, Cocitum *etiam* et Stigio ranas in gurgite nigras': et contum *VΦ*: et pontum *PSTU Arou. Σ*   159 illic *PVGKLZ*: illuc *AHTU*: istinc *O*

Armenius Zalaces cunctis narratur ephebis
mollior ardenti sese indulsisse tribuno.
aspice quid faciant commercia: uenerat obses,
hic fiunt homines. nam si mora longior urbem
†indulsit† pueris, non umquam derit amator.
mittentur bracae, cultelli, frena, flagellum:
sic praetextatos referunt Artaxata mores.

SATVRA III

QVAMVIS digressu ueteris confusus amici
laudo tamen, uacuis quod sedem figere Cumis
destinet atque unum ciuem donare Sibyllae.
ianua Baiarum est et gratum litus amoeni
secessus. ego uel Prochytam praepono Suburae;
nam quid tam miserum, tam solum uidimus, ut non
deterius credas horrere incendia, lapsus
tectorum adsiduos ac mille pericula saeuae
urbis et Augusto recitantes mense poetas?
sed dum tota domus raeda componitur una,
substitit ad ueteres arcus madidamque Capenam.
hic, ubi nocturnae Numa constituebat amicae
(nunc sacri fontis nemus et delubra locantur
Iudaeis, quorum cophinus fenumque supellex;
omnis enim populo mercedem pendere iussa est
arbor et eiectis mendicat silua Camenis),
in uallem Egeriae descendimus et speluncas
dissimiles ueris. quanto praesentius esset
numen aquis, uiridi si margine cluderet undas

168 indulsit *ut soloecum adnotauit Housman* non umquam *VΦ*: non numquam *PU*: numquam *A*

6–13 *exbibet Arou.* 18 praesentius *V sicut coni. Grangaeus*: praestantius *ΦΣ et* (aestantius *in ras. P*²) *P* 19 aquis *P*: aquae *VΦ*

herba nec ingenuum uiolarent marmora tofum.
hic tunc Vmbricius 'quando artibus' inquit 'honestis
nullus in urbe locus, nulla emolumenta laborum,
res hodie minor est here quam fuit atque eadem cras
deteret exiguis aliquid, proponimus illuc
ire, fatigatas ubi Daedalus exuit alas,
dum noua canities, dum prima et recta senectus,
dum superest Lachesi quod torqueat et pedibus me
porto meis nullo dextram subeunte bacillo.
cedamus patria. uiuant Artorius istic
et Catulus, maneant qui nigrum in candida uertunt,
quis facile est aedem conducere, flumina, portus,
siccandam eluuiem, portandum ad busta cadauer,
et praebere caput domina uenale sub hasta.
quondam hi cornicines et municipalis harenae
perpetui comites notaeque per oppida buccae
munera nunc edunt et, uerso pollice uulgus
cum iubet, occidunt populariter; inde reuersi
conducunt foricas, et cur non omnia? cum sint
quales ex humili magna ad fastigia rerum
extollit quotiens uoluit Fortuna iocari.
quid Romae faciam? mentiri nescio; librum,
si malus est, nequeo laudare et poscere; motus
astrorum ignoro; funus promittere patris
nec uolo nec possum; ranarum uiscera numquam
inspexi; ferre ad nuptam quae mittit adulter,
quae mandat, norunt alii; me nemo ministro
fur erit, atque ideo nulli comes exeo tamquam
mancus et extinctae corpus non utile dextrae.

32 *redit R* 35–92 *exhibet Arou.* 35–93 *laceros exhibet Aurel.* 37 cum *RVAU Arou. et ut uid. Aurel.*: qum *P*: quem *Φ*. quom *subesse suspicatus est Ribbeck. cf.* vi. 153, 369, vii. 61, xiii. 54, xvi. 29, *Pers.* i. 74 iubet *PRTUZ Arou. Σ*: lubet *K*: libet *VAGHLO* 48 extincta . . . dextra *Eremita*

quis nunc diligitur nisi conscius et cui feruens
aestuat occultis animus semperque tacendis?
nil tibi se debere putat, nil conferet umquam,
participem qui te secreti fecit honesti.
carus erit Verri qui Verrem tempore quo uult
accusare potest. tanti tibi non sit opaci
omnis harena Tagi quodque in mare uoluitur aurum,
ut somno careas ponendaque praemia sumas
tristis et a magno semper timearis amico.
  quae nunc diuitibus gens acceptissima nostris
et quos praecipue fugiam, properabo fateri,
nec pudor obstabit. non possum ferre, Quirites,
Graecam urbem. quamuis quota portio faecis Achaei?
iam pridem Syrus in Tiberim defluxit Orontes
et linguam et mores et cum tibicine chordas
obliquas nec non gentilia tympana secum
uexit et ad circum iussas prostare puellas.
ite, quibus grata est picta lupa barbara mitra.
rusticus ille tuus sumit trechedipna, Quirine,
et ceromatico fert niceteria collo.
hic alta Sicyone, ast hic Amydone relicta,
hic Andro, ille Samo, hic Trallibus aut Alabandis,
Esquilias dictumque petunt a uimine collem,
uiscera magnarum domuum dominique futuri.
ingenium uelox, audacia perdita, sermo
promptus et Isaeo torrentior. ede quid illum
esse putes. quemuis hominem secum attulit ad nos:
grammaticus, rhetor, geometres, pictor, aliptes,
augur, schoenobates, medicus, magus, omnia nouit
Graeculus esuriens: in caelum iusseris ibit.

58 nunc *PRVO Arou. Aurel.*: non *Φ* 61 achaei *Φ Aurel.*: achaeae *PRVOU Arou.* 67 trechedipna *similiaue PRV Arou.*: rechedipna *Φ* 78 iusseris *RΦ Prisc. G.L.K.* iii. 247: miseris *PV Arou. uersum om. Aurel.*

in summa non Maurus erat neque Sarmata nec Thrax
qui sumpsit pinnas, mediis sed natus Athenis.
horum ego non fugiam conchylia? me prior ille
signabit fultusque toro meliore recumbet,
aduectus Romam quo pruna et cottana uento?
usque adeo nihil est quod nostra infantia caelum
hausit Auentini baca nutrita Sabina?
quid quod adulandi gens prudentissima laudat
sermonem indocti, faciem deformis amici,
et longum inualidi collum ceruicibus aequat
Herculis Antaeum procul a tellure tenentis,
miratur uocem angustam, qua deterius nec
ille sonat quo mordetur gallina marito?
haec eadem licet et nobis laudare, sed illis
creditur. an melior cum Thaida sustinet aut cum
uxorem comoedus agit uel Dorida nullo
cultam palliolo? mulier nempe ipsa uidetur,
non persona, loqui: uacua et plana omnia dicas
infra uentriculum et tenui distantia rima.
nec tamen Antiochus nec erit mirabilis illic
aut Stratocles aut cum molli Demetrius Haemo:
natio comoeda est. rides, maiore cachinno
concutitur; flet, si lacrimas conspexit amici,
nec dolet; igniculum brumae si tempore poscas,
accipit endromidem; si dixeris "aestuo," sudat.
non sumus ergo pares: melior, qui semper et omni
nocte dieque potest aliena sumere uultum
a facie, iactare manus laudare paratus,

79 in summa *PSR Arou.*: ad summam *VΦ Aurel. Σ*: in summam *Knoche* 82 signabit *PRAOZ Arou.*: signauit *VΦ et ut uid. Aurel.* recumbet *PRVHKUZ Arou.*: recumbit *AGLOT*: resedit *Aurel.* 94 pullo *Buchner* 95–96 mulier — loqui *del. Jachmann* 101 conspexit *PRΦ*: aspexit *V* 104 *del. Jahn. sed cf. Mart.* ix. 62. 1–2 105 aliena *PRV sicut coni. Markland*: alienum *Φ*

si bene ructauit, si rectum minxit amicus,
si trulla inuerso crepitum dedit aurea fundo.
praeterea sanctum nihil †aut† ab inguine tutum,
non matrona laris, non filia uirgo, nec ipse
sponsus leuis adhuc, non filius ante pudicus.
horum si nihil est, auiam resupinat amici.
[scire uolunt secreta domus atque inde timeri.]
et quoniam coepit Graecorum mentio, transi
gymnasia atque audi facinus maioris abollae.
Stoicus occidit Baream delator amicum
discipulumque senex ripa nutritus in illa
ad quam Gorgonei delapsa est pinna caballi.
non est Romano cuiquam locus hic, ubi regnat
Protogenes aliquis uel Diphilus aut Hermarchus,
qui gentis uitio numquam partitur amicum,
solus habet. nam cum facilem stillauit in aurem
exiguum de naturae patriaeque ueneno,
limine summoueor, perierunt tempora longi
seruitii; nusquam minor est iactura clientis.
  quod porro officium, ne nobis blandiar, aut quod
pauperis hic meritum, si curet nocte togatus
currere, cum praetor lictorem inpellat et ire
praecipitem iubeat dudum uigilantibus orbis,
ne prior Albinam et Modiam collega salutet?
diuitis hic seruo cludit latus ingenuorum
filius; alter enim quantum in legione tribuni
accipiunt donat Caluinae uel Catienae,
ut semel aut iterum super illam palpitet; at tu,

109 aut *Φ*: *om.* *PR*: auct *V*: atque• (s *eras.*) *U*: est *A Laur. S. Marci* 234: est nec *uel* est et *uel* est uel *codd. recentiores*   110 nec *VU*: neque *PRΦ*   112 auiam *PRVTΣ*: aulam *Φ*   113 *del.* *Pinzger*   117 discipulamque *F. Ritter*. *cf.* *Σ ad* vi. 552   120 hermarcus *PR*: heremarchus *V*: herimarchus *peioraue* *Φ*   130 et *PRΦ*: aut *VH*   131 seruo *PRVKΣ*: serui *Φ*   134 aut *PV*: atque *RΦ*

cum tibi uestiti facies scorti placet, haeres
et dubitas alta Chionen deducere sella.
da testem Romae tam sanctum quam fuit hospes
numinis Idaei, procedat uel Numa uel qui
seruauit trepidam flagranti ex aede Mineruam:
protinus ad censum, de moribus ultima fiet
quaestio. "quot pascit seruos? quot possidet agri
iugera? quam multa magnaque paropside cenat?"
quantum quisque sua nummorum seruat in arca,
tantum habet et fidei. iures licet et Samothracum
et nostrorum aras, contemnere fulmina pauper
creditur atque deos dis ignoscentibus ipsis.
quid quod materiam praebet causasque iocorum
omnibus hic idem, si foeda et scissa lacerna,
si toga sordidula est et rupta calceus alter
pelle patet, uel si consuto uolnere crassum
atque recens linum ostendit non una cicatrix?
nil habet infelix paupertas durius in se
quam quod ridiculos homines facit. "exeat" inquit,
"si pudor est, et de puluino surgat equestri,
cuius res legi non sufficit, et sedeant hic
lenonum pueri quocumque ex fornice nati,
hic plaudat nitidus praeconis filius inter
pinnirapi cultos iuuenes iuuenesque lanistae."
sic libitum uano, qui nos distinxit, Othoni.
quis gener hic placuit censu minor atque puellae
sarcinulis inpar? quis pauper scribitur heres?
quando in consilio est aedilibus? agmine facto
debuerant olim tenues migrasse Quirites.
haut facile emergunt quorum uirtutibus obstat

156 ex *PR*: *om. V Vat.* 3286: in *Φ* 157 nitidus *Lond. mus. Brit. Reg.* 15 *B* XVIII *sicut coni. Markland*: nitidi *PRVΦ* 158 iuuenesque *PRVAOK*: iuuenemque *Φ*

res angusta domi, sed Romae durior illis
conatus: magno hospitium miserabile, magno
seruorum uentres, et frugi cenula magno.
fictilibus cenare pudet, quod turpe negabis
translatus subito ad Marsos mensamque Sabellam
contentusque illic veneto duroque cucullo.
pars magna Italiae est, si uerum admittimus, in qua
nemo togam sumit nisi mortuus. ipsa dierum
festorum herboso colitur si quando theatro
maiestas tandemque redit ad pulpita notum
exodium, cum personae pallentis hiatum
in gremio matris formidat rusticus infans,
aequales habitus illic similesque uidebis
orchestram et populum; clari uelamen honoris
sufficiunt tunicae summis aedilibus albae.
hic ultra uires habitus nitor, hic aliquid plus
quam satis est interdum aliena sumitur arca.
commune id uitium est: hic uiuimus ambitiosa
paupertate omnes. quid te moror? omnia Romae
cum pretio. quid das, ut Cossum aliquando salutes,
ut te respiciat clauso Veiiento labello?
ille metit barbam, crinem hic deponit amati;
plena domus libis uenalibus: accipe et istud
fermentum tibi habe. praestare tributa clientes
cogimur et cultis augere peculia seruis.
quis timet aut timuit gelida Praeneste ruinam
aut positis nemorosa inter iuga Volsiniis aut
simplicibus Gabiis aut proni Tiburis arce?
nos urbem colimus tenui tibicine fultam

168 negabis *PRVΣ sicut coni. Hadr. Valesius*: negauit *Φ*: negacit *T* 186 amati *Φ*: amatum *PRV*: amatus *Ruperti* 187 libis *VL Valla*: libris *PSRΦ*. *cf.* ix. 109 istud *PRVOU*: illud *Φ* 188 praestare *PSRV*: praestant *Φ*

magna parte sui; nam sic labentibus obstat
uilicus et, ueteris rimae cum texit hiatum,
securos pendente iubet dormire ruina.
uiuendum est illic, ubi nulla incendia, nulli
nocte metus. iam poscit aquam, iam friuola transfert
Vcalegon, tabulata tibi iam tertia fumant:
tu nescis; nam si gradibus trepidatur ab imis,
ultimus ardebit quem tegula sola tuetur
a pluuia, molles ubi reddunt oua columbae.
lectus erat Cordo Procula minor, urceoli sex
ornamentum abaci, nec non et paruulus infra
cantharus et recubans sub eodem marmore Chiron,
iamque uetus Graecos seruabat cista libellos
et diuina opici rodebant carmina mures.
nil habuit Cordus, quis enim negat? et tamen illud
perdidit infelix totum nihil. ultimus autem
aerumnae cumulus, quod nudum et frusta rogantem
nemo cibo, nemo hospitio tectoque iuuabit.
si magna Asturici cecidit domus, horrida mater,
pullati proceres, differt uadimonia praetor.
tum gemimus casus urbis, tunc odimus ignem.
ardet adhuc, et iam accurrit qui marmora donet,
conferat inpensas; hic nuda et candida signa,
hic aliquid praeclarum Euphranoris et Polycliti,
haec Asianorum uetera ornamenta deorum,
hic libros dabit et forulos mediamque Mineruam,
hic modium argenti. meliora ac plura reponit

203 cordo *U*: codro *VΦ Prisc. G.L.K.* ii. 219. cordo — sex *om. PR. cf.* i. 2 208 cordus *U*: cordrus *V*: codrus *PRΦ* 210 aerumnae *VΦ*: aerumnae est *PRAO Sang.* frusta *OTZΣ*: frustra *PRVΦ Sang. Σ* 212 asturici *PSRVU*: asturi *Φ* 214 tum *PSROZ Sang.*: tunc *VΦ. cf.* vi. 270, vii. 96 215 accurrit *PRV*: occurrit *Φ* 218 haec asianorum *PSRΣ*: hic asianorum *VO Valla sicut coni. Ruperti*: faecasianorum *similiaue Φ*: phaecasianorum *U*: phaecasiatorum *C. Valesius*

Persicus orborum lautissimus et merito iam
suspectus tamquam ipse suas incenderit aedes.
si potes auelli circensibus, optima Sorae
aut Fabrateriae domus aut Frusinone paratur
quanti nunc tenebras unum conducis in annum.
hortulus hic puteusque breuis nec reste mouendus
in tenuis plantas facili diffunditur haustu.
uiue bidentis amans et culti uilicus horti
unde epulum possis centum dare Pythagoreis.
est aliquid, quocumque loco, quocumque recessu,
unius sese dominum fecisse lacertae.
plurimus hic aeger moritur uigilando (sed ipsum
languorem peperit cibus inperfectus et haerens
ardenti stomacho); nam quae meritoria somnum
admittunt? magnis opibus dormitur in urbe.
inde caput morbi. raedarum transitus arto
uicorum in flexu et stantis conuicia mandrae
eripient somnum Druso uitulisque marinis.
si uocat officium, turba cedente uehetur
diues et ingenti curret super ora Liburna
atque obiter leget aut scribet uel dormiet intus;
namque facit somnum clausa lectica fenestra.
ante tamen ueniet: nobis properantibus obstat
unda prior, magno populus premit agmine lumbos
qui sequitur; ferit hic cubito, ferit assere duro
alter, at hic tignum capiti incutit, ille metretam.
pinguia crura luto, planta mox undique magna
calcor, et in digito clauus mihi militis haeret.

224 paratur *PRV*: paretur *Φ* 227 diffunditur *VΦ Seru. in Georg.* iv. 115: defunditur *PSROU* 232 ipsum *PRVΦ*: illum *Vat. Reg.* 2029, *Prisc. G.L.K.* ii. 409, 427, iii. 233 234 quem *Hadr. Valesius* 240 liburna *PSRTUΣ*: liburnae *V*: liburno *ΦΣ* 242 *del. Pinzger* 246 tignum *PRVGO*: lignum *Φ*

nonne uides quanto celebretur sportula fumo?
centum conuiuae, sequitur sua quemque culina.
Corbulo uix ferret tot uasa ingentia, tot res
inpositas capiti, quas recto uertice portat
seruulus infelix et cursu uentilat ignem.
scinduntur tunicae sartae modo, longa coruscat
serraco ueniente abies, atque altera pinum
plaustra uehunt; nutant alte populoque minantur.
nam si procubuit qui saxa Ligustica portat
axis et euersum fudit super agmina montem,
quid superest de corporibus? quis membra, quis ossa
inuenit? obtritum uolgi perit omne cadauer
more animae. domus interea secura patellas
iam lauat et bucca foculum excitat et sonat unctis
striglibus et pleno componit lintea guto.
haec inter pueros uarie properantur, at ille
iam sedet in ripa taetrumque nouicius horret
porthmea nec sperat caenosi gurgitis alnum
infelix nec habet quem porrigat ore trientem.
  respice nunc alia ac diuersa pericula noctis:
quod spatium tectis sublimibus unde cerebrum
testa ferit, quotiens rimosa et curta fenestris
uasa cadant, quanto percussum pondere signent
et laedant silicem. possis ignauus haberi
et subiti casus inprouidus, ad cenam si
intestatus eas: adeo tot fata, quot illa
nocte patent uigiles te praetereunte fenestrae.
ergo optes uotumque feras miserabile tecum,
ut sint contentae patulas defundere pelues.
ebrius ac petulans, qui nullum forte cecidit,
dat poenas, noctem patitur lugentis amicum
Pelidae, cubat in faciem, mox deinde supinus:

259 de *AHKTZ*: e *PRVGO et ut uid. L*: et *U Vat.* 3286

[ergo non aliter poterit dormire; quibusdam]
somnum rixa facit. sed quamuis inprobus annis
atque mero feruens cauet hunc quem coccina laena
uitari iubet et comitum longissimus ordo,
multum praeterea flammarum et aenea lampas.
me, quem luna solet deducere uel breue lumen
candelae, cuius dispenso et tempero filum,
contemnit. miserae cognosce prohoemia rixae,
si rixa est, ubi tu pulsas, ego uapulo tantum.
stat contra starique iubet. parere necesse est;
nam quid agas, cum te furiosus cogat et idem
fortior? "unde uenis" exclamat, "cuius aceto,
cuius conche tumes? quis tecum sectile porrum
sutor et elixi ueruecis labra comedit?
nil mihi respondes? aut dic aut accipe calcem.
ede ubi consistas: in qua te quaero proseucha?"
dicere si temptes aliquid tacitusue recedas,
tantumdem est: feriunt pariter, uadimonia deinde
irati faciunt. libertas pauperis haec est:
pulsatus rogat et pugnis concisus adorat
ut liceat paucis cum dentibus inde reuerti.
nec tamen haec tantum metuas; nam qui spoliet te
non derit clausis domibus postquam omnis ubique
fixa catenatae siluit compago tabernae.
interdum et ferro subitus grassator agit rem:
armato quotiens tutae custode tenentur
et Pomptina palus et Gallinaria pinus,
sic inde huc omnes tamquam ad uiuaria currunt.
qua fornace graues, qua non incude catenae?
maximus in uinclis ferri modus, ut timeas ne

281 *del. Heinecke* 288 prohoemia *PRV*: praemia *Φ* 293 conche *PSRVUΣ*: concha *Φ*. *cf.* xiv. 131 295 *post* 296 *collocauit Pinzger*

uomer deficiat, ne marra et sarcula desint.
felices proauorum atauos, felicia dicas
saecula quae quondam sub regibus atque tribunis
uiderunt uno contentam carcere Romam.
his alias poteram et pluris subnectere causas,
sed iumenta uocant et sol inclinat. eundum est;
nam mihi commota iamdudum mulio uirga
adnuit. ergo uale nostri memor, et quotiens te
Roma tuo refici properantem reddet Aquino,
me quoque ad Heluinam Cererem uestramque Dianam
conuerte a Cumis. saturarum ego, ni pudet illas,
auditor gelidos ueniam caligatus in agros.'

SATVRA IV

Ecce iterum Crispinus, et est mihi saepe uocandus
ad partes, monstrum nulla uirtute redemptum
a uitiis, aegrae solaque libidine fortes
deliciae, uiduas tantum aspernatus adulter.
quid refert igitur, quantis iumenta fatiget
porticibus, quanta nemorum uectetur in umbra,
iugera quot uicina foro, quas emerit aedes
[nemo malus felix, minime corruptor et idem]
incestus, cum quo nuper uittata iacebat
sanguine adhuc uiuo terram subitura sacerdos?
sed nunc de factis leuioribus. et tamen alter
si fecisset idem caderet sub iudice morum;

311 marra *PRVA*: marrae *Φ*   317 *incipit F*   321 conuerte *PR*: conuelle *VΦ*   322 auditor *PRVF*: adiutor *Φ*

3 aegrae *PSRVΣ*: aeger *Φ*   fortes *PRVFΣ*: fortis *SΦ*   4 deliciae uiduas *PRV et ut uid. Σ*: delicias uiduae *Φ*   aspernatus *VKZ*: spernatus *F*: aspernatur *Φ*: spernatur *PSRA*   8 *del. Jahn*   9 uittata *Φ*: uitiata *PSR*: uitata *VAFT*

nam, quod turpe bonis Titio Seiioque, decebat
Crispinum. quid agas, cum dira et foedior omni
crimine persona est? mullum sex milibus emit,
aequantem sane paribus sestertia libris,
ut perhibent qui de magnis maiora locuntur.
consilium laudo artificis, si munere tanto
praecipuam in tabulis ceram senis abstulit orbi;
est ratio ulterior, magnae si misit amicae,
quae uehitur cluso latis specularibus antro.
nil tale expectes: emit sibi. multa uidemus
quae miser et frugi non fecit Apicius. hoc tu
succinctus patria quondam, Crispine, papyro?
hoc pretio squamae? potuit fortasse minoris
piscator quam piscis emi; prouincia tanti
uendit agros, sed maiores Apulia uendit.
qualis tunc epulas ipsum gluttisse putamus
induperatorem, cum tot sestertia, partem
exiguam et modicae sumptam de margine cenae,
purpureus magni ructarit scurra Palati,
iam princeps equitum, magna qui uoce solebat
uendere municipes fracta de merce siluros?
incipe, Calliope. licet et considere: non est
cantandum, res uera agitur. narrate, puellae
Pierides, prosit mihi uos dixisse puellas.
cum iam semianimum laceraret Flauius orbem
ultimus et caluo seruiret Roma Neroni,
incidit Hadriaci spatium admirabile rhombi
ante domum Veneris, quam Dorica sustinet Ancon,
impleuitque sinus; neque enim minor haeserat illis

13 seioque *Goth.* 2. 52, *Laur.* 34. 34: serioque *PRVΦ* 18 si *PSRVFKU*: in *Φ* 25 pretio *PSR*: pretium *VΦ* squamas *Dorleans* 31 ructarit *PR*: ructaret *VΦ* 33 fracta *VΦΣ*: facta *PRT* 34 et *PRVFU*: hic *Φ* 41 neque *Φ*: nec *PRVAFUZ*

quos operit glacies Maeotica ruptaque tandem
solibus effundit torrentis ad ostia Ponti
desidia tardos et longo frigore pingues.
destinat hoc monstrum cumbae linique magister
pontifici summo. quis enim proponere talem
aut emere auderet, cum plena et litora multo
delatore forent? dispersi protinus algae
inquisitores agerent cum remige nudo,
non dubitaturi fugitiuum dicere piscem
depastumque diu uiuaria Caesaris, inde
elapsum ueterem ad dominum debere reuerti.
si quid Palfurio, si credimus Armillato,
quidquid conspicuum pulchrumque est aequore toto
res fisci est, ubicumque natat. donabitur ergo,
ne pereat. iam letifero cedente pruinis
autumno, iam quartanam sperantibus aegris,
stridebat deformis hiems praedamque recentem
seruabat; tamen hic properat, uelut urgueat auster.
utque lacus suberant, ubi quamquam diruta seruat
ignem Troianum et Vestam colit Alba minorem,
obstitit intranti miratrix turba parumper.
ut cessit, facili patuerunt cardine ualuae;
exclusi spectant admissa obsonia patres.
itur ad Atriden. tum Picens 'accipe' dixit
'priuatis maiora focis. genialis agatur
iste dies. propera stomachum laxare sagina
et tua seruatum consume in saecula rhombum.
ipse capi uoluit.' quid apertius? et tamen illi
surgebant cristae. nihil est quod credere de se

43 torrentis *PSRVΣ*: torpentis *Φ* 63 ut *PSR*: et *Φ*. *legi non potest V* 65 tum *PRVΦ*: tunc *AGL* 67 sagina *Vat. Reg.* 2029 *sicut coni. Buecheler et Weidner*: saginam *PSR*: saginis *VΦ*: sagittis *F Probus Vallae*. '*alii* sagittis' *Σ*. '*legitur et* saginis' *Σ*. *cf. Cypr. Hept. Num.* 355

non possit cum laudatur dis aequa potestas.
sed derat pisci patinae mensura. uocantur
ergo in consilium proceres, quos oderat ille,
in quorum facie miserae magnaeque sedebat
pallor amicitiae. primus clamante Liburno
'currite, iam sedit' rapta properabat abolla
Pegasus, attonitae positus modo uilicus urbi.
anne aliud tum praefecti? quorum optimus atque
interpres legum sanctissimus omnia, quamquam
temporibus diris, tractanda putabat inermi
iustitia. uenit et Crispi iucunda senectus,
cuius erant mores qualis facundia, mite
ingenium. maria ac terras populosque regenti
quis comes utilior, si clade et peste sub illa
saeuitiam damnare et honestum adferre liceret
consilium? sed quid uiolentius aure tyranni,
cum quo de pluuiis aut aestibus aut nimboso
uere locuturi fatum pendebat amici?
ille igitur numquam derexit bracchia contra
torrentem, nec ciuis erat qui libera posset
uerba animi proferre et uitam inpendere uero.
sic multas hiemes atque octogensima uidit
solstitia, his armis illa quoque tutus in aula.
proximus eiusdem properabat Acilius aeui
cum iuuene indigno quem mors tam saeua maneret
et domini gladiis tam festinata; sed olim
prodigio par est in nobilitate senectus,
unde fit ut malim fraterculus esse gigantis.
profuit ergo nihil misero quod comminus ursos

78 tum *PRΦ*: tunc *VGHLU* 79 quamquam *VΦΣ*: quamque *PRK*. *mendum subesse censuit Housman* 85 adferre *PSRVFHT*: ferre *Φ* 95 tam *VΦ*: iam *PR* 96 tam *PRVU*: iam *Φ* festinata *PRVL*: destinata *Φ* 98 *del. Ribbeck* gigantis *PSRVΦ*: gigantum *H Vat. Reg.* 2029, *Prisc. G.L.K.* ii. 101. '*pro gigantibus*' *Σ*

figebat Numidas Albana nudus harena
uenator. quis enim iam non intellegat artes
patricias? quis priscum illud miratur acumen,
Brute, tuum? facile est barbato inponere regi.
nec melior uultu quamuis ignobilis ibat
Rubrius, offensae ueteris reus atque tacendae,
et tamen inprobior saturam scribente cinaedo.
Montani quoque uenter adest abdomine tardus,
et matutino sudans Crispinus amomo
quantum uix redolent duo funera, saeuior illo
Pompeius tenui iugulos aperire susurro,
et qui uulturibus seruabat uiscera Dacis
Fuscus marmorea meditatus proelia uilla,
et cum mortifero prudens Veiiento Catullo,
qui numquam uisae flagrabat amore puellae,
grande et conspicuum nostro quoque tempore monstrum,
caecus adulator dirusque †a ponte† satelles,
dignus Aricinos qui mendicaret ad axes
blandaque deuexae iactaret basia raedae.
nemo magis rhombum stupuit; nam plurima dixit
in laeuum conuersus, at illi dextra iacebat
belua. sic pugnas Cilicis laudabat et ictus
et pegma et pueros inde ad uelaria raptos.
non cedit Veiiento, sed ut fanaticus oestro
percussus, Bellona, tuo diuinat et 'ingens
omen habes' inquit 'magni clarique triumphi.
regem aliquem capies, aut de temone Britanno
excidet Aruiragus. peregrina est belua: cernis
erectas in terga sudes?' hoc defuit unum
Fabricio, patriam ut rhombi memoraret et annos.
'quidnam igitur censes? conciditur?' 'absit ab illo

101 intellegat *Φ*: intellegit *PRV* 116 ac sponte *Hadr. Valesius*
127 excidet *PRVTU Sang.*: excidit *Φ* 128 in] per *Housman*

dedecus hoc' Montanus ait, 'testa alta paretur
quae tenui muro spatiosum colligat orbem.
debetur magnus patinae subitusque Prometheus.
argillam atque rotam citius properate, sed ex hoc
tempore iam, Caesar, figuli tua castra sequantur.'
uicit digna uiro sententia. nouerat ille
luxuriam inperii ueterem noctesque Neronis
iam medias aliamque famem, cum pulmo Falerno
arderet. nulli maior fuit usus edendi
tempestate mea: Circeis nata forent an
Lucrinum ad saxum Rutupinoue edita fundo
ostrea callebat primo deprendere morsu,
et semel aspecti litus dicebat echini.
surgitur et misso proceres exire iubentur
consilio, quos Albanam dux magnus in arcem
traxerat attonitos et festinare coactos,
tamquam de Chattis aliquid toruisque Sygambris
dicturus, tamquam ex diuersis partibus orbis
anxia praecipiti uenisset epistula pinna.
atque utinam his potius nugis tota illa dedisset
tempora saeuitiae, claras quibus abstulit urbi
inlustresque animas inpune et uindice nullo.
sed periit postquam cerdonibus esse timendus
coeperat: hoc nocuit Lamiarum caede madenti.

SATVRA V

Si te propositi nondum pudet atque eadem est mens,
ut bona summa putes aliena uiuere quadra,
si potes illa pati quae nec Sarmentus iniquas
Caesaris ad mensas nec uilis Gabba tulisset,

147 catthis *SRV Valla*: getis *Φ et in ras.* P^2 148 ex *O sicut coni. Ribbeck et Weidner*: et *PRT*: a *VK*: *om. Φ*
4 gabba *PSRVT*: galba *Φ*

quamuis iurato metuam tibi credere testi.
uentre nihil noui frugalius; hoc tamen ipsum
defecisse puta, quod inani sufficit aluo:
nulla crepido uacat? nusquam pons et tegetis pars
dimidia breuior? tantine iniuria cenae,
tam ieiuna fames, cum possit honestius illic
et tremere et sordes farris mordere canini?
  primo fige loco, quod tu discumbere iussus
mercedem solidam ueterum capis officiorum.
fructus amicitiae magnae cibus: inputat hunc rex,
et quamuis rarum tamen inputat. ergo duos post
si libuit menses neglectum adhibere clientem,
tertia ne uacuo cessaret culcita lecto,
'una simus' ait. uotorum summa. quid ultra
quaeris? habet Trebius propter quod rumpere somnum
debeat et ligulas dimittere, sollicitus ne
tota salutatrix iam turba peregerit orbem,
sideribus dubiis aut illo tempore quo se
frigida circumagunt pigri serraca Bootae.
  qualis cena tamen! uinum quod sucida nolit
lana pati: de conuiua Corybanta uidebis.
iurgia proludunt, sed mox et pocula torques
saucius et rubra deterges uulnera mappa,
inter uos quotiens libertorumque cohortem
pugna Saguntina feruet commissa lagona.
ipse capillato diffusum consule potat
calcatamque tenet bellis socialibus uuam.
cardiaco numquam cyathum missurus amico
cras bibet Albanis aliquid de montibus aut de
Setinis, cuius patriam titulumque senectus

10 possit *PRFKZ*: possis *VΦ*   29 lagona *PRVF*: lagoena *Φ Mico.* *cf.* vii. 121, viii. 162, xii. 60, xiv. 271, *Pers.* iii. 92, vi. 17   31–32 *post* uuam *dist. Housman*, *post* amico *ceteri*

deleuit multa ueteris fuligine testae,
quale coronati Thrasea Heluidiusque bibebant
Brutorum et Cassi natalibus. ipse capaces
Heliadum crustas et inaequales berullo
Virro tenet phialas: tibi non committitur aurum,
uel, si quando datur, custos adfixus ibidem,
qui numeret gemmas, ungues obseruet acutos.
da ueniam: praeclara illi laudatur iaspis.
nam Virro, ut multi, gemmas ad pocula transfert
a digitis, quas in uaginae fronte solebat
ponere zelotypo iuuenis praelatus Iarbae.
tu Beneuentani sutoris nomen habentem
siccabis calicem nasorum quattuor ac iam
quassatum et rupto poscentem sulpura uitro.
si stomachus domini feruet uinoque ciboque,
frigidior Geticis petitur decocta pruinis.
non eadem uobis poni modo uina querebar?
uos aliam potatis aquam. tibi pocula cursor
Gaetulus dabit aut nigri manus ossea Mauri
et cui per mediam nolis occurrere noctem,
cliuosae ueheris dum per monumenta Latinae.
flos Asiae ante ipsum, pretio maiore paratus
quam fuit et Tulli census pugnacis et Anci
et, ne te teneam, Romanorum omnia regum
friuola. quod cum ita sit, tu Gaetulum Ganymedem
respice, cum sities. nescit tot milibus emptus
pauperibus miscere puer, sed forma, sed aetas
digna supercilio. quando ad te peruenit ille?
quando rogatus adest calidae gelidaeque minister?
quippe indignatur ueteri parere clienti
quodque aliquid poscas et quod se stante recumbas.

38 aeliadum *PRΦ*: appiadum *V* berullo *PSR*: berullos *VΦ* 42 illi *PR Sang.*: illic *VΦ* 51 *del. Pinzger* 63 *post* 64 *ponunt PRO, del. Ribbeck* rogatus *PRAO*: uocatus *VΦ*

[maxima quaeque domus seruis est plena superbis.]
ecce alius quanto porrexit murmure panem
uix fractum, solidae iam mucida frusta farinae,
quae genuinum agitent, non admittentia morsum.
sed tener et niueus mollique siligine fictus
seruatur domino. dextram cohibere memento;
salua sit artoptae reuerentia. finge tamen te
inprobulum, superest illic qui ponere cogat:
'uis tu consuetis, audax conuiua, canistris
impleri panisque tui nouisse colorem?'
'scilicet hoc fuerat, propter quod saepe relicta
coniuge per montem aduersum gelidasque cucurri
Esquilias, fremeret saeua cum grandine uernus
Iuppiter et multo stillaret paenula nimbo.'
aspice quam longo distinguat pectore lancem
quae fertur domino squilla, et quibus undique saepta
asparagis qua despiciat conuiuia cauda,
dum uenit excelsi manibus sublata ministri.
sed tibi dimidio constrictus cammarus ouo
ponitur exigua feralis cena patella.
ipse Venafrano piscem perfundit, at hic qui
pallidus adfertur misero tibi caulis olebit
lanternam; illud enim uestris datur alueolis quod
canna Micipsarum prora subuexit acuta,
propter quod Romae cum Boccare nemo lauatur,
quod tutos etiam facit a serpentibus atris.
mullus erit domini, quem misit Corsica uel quem
Tauromenitanae rupes, quando omne peractum est
et iam defecit nostrum mare, dum gula saeuit,

66 *del. Heinrich* 70 fictus *PRAZ*: factus *VΦ* 72 artoptae *PRVF Probus et codd. Vallae*: artocopi *Φ* 80 distinguat *PRV*: distendat *Φ* 91 *om. PRVU, ante* 90 *ponit O, non interpretatur Σ, del. Pulmannus*

retibus adsiduis penitus scrutante macello
proxima, nec patimur Tyrrhenum crescere piscem.
instruit ergo focum prouincia, sumitur illinc
quod captator emat Laenas, Aurelia uendat.
Virroni muraena datur, quae maxima uenit
gurgite de Siculo; nam dum se continet Auster,
dum sedet et siccat madidas in carcere pinnas,
contemnunt mediam temeraria lina Charybdim:
uos anguilla manet longae cognata colubrae
aut †glacie aspersus† maculis Tiberinus et ipse
uernula riparum, pinguis torrente cloaca
et solitus mediae cryptam penetrare Suburae.
ipsi pauca uelim, facilem si praebeat aurem.
nemo petit, modicis quae mittebantur amicis
a Seneca, quae Piso bonus, quae Cotta solebat
largiri; namque et titulis et fascibus olim
maior habebatur donandi gloria. solum
poscimus ut cenes ciuiliter. hoc face et esto,
esto, ut nunc multi, diues tibi, pauper amicis.
anseris ante ipsum magni iecur, anseribus par
altilis, et flaui dignus ferro Meleagri
spumat aper. post hunc tradentur tubera, si uer
tunc erit et facient optata tonitrua cenas
maiores. 'tibi habe frumentum' Alledius inquit,
'o Libye, disiunge boues, dum tubera mittas.'
structorem interea, ne qua indignatio desit,
saltantem spectes et chironomunta uolanti
cultello, donec peragat dictata magistri
omnia; nec minimo sane discrimine refert

96 patimur *PRFKOTZ*: patitur *VAGHLU* *in hoc uersu desinit V* 104 glaucis sparsus *Clausen*, *Amer. Journ. of Philol.* lxxvi (1955), 58–60 116 spumat *PSRA*: fumat *Φ* tradentur *PSR*: radentur *Φ*: raduntur *AGLO* 119 libye *PRHU*: libya *Φ* 121 spectes *Laur.* 34. 25: spectis *PR*: spectas *Φ*: uideas *H Vat. Reg.* 2029

quo gestu lepores et quo gallina secetur.
duceris planta uelut ictus ab Hercule Cacus
et ponere foris, si quid temptaueris umquam
hiscere tamquam habeas tria nomina. quando propinat
Virro tibi sumitue tuis contacta labellis
pocula? quis uestrum temerarius usque adeo, quis
perditus, ut dicat regi 'bibe'? plurima sunt quae
non audent homines pertusa dicere laena.
quadringenta tibi si quis deus aut similis dis
et melior fatis donaret homuncio, quantus
ex nihilo, quantus fieres Virronis amicus!
'da Trebio, pone ad Trebium. uis, frater, ab ipsis
ilibus?' o nummi, uobis hunc praestat honorem,
uos estis frater. dominus tamen et domini rex
si uis tunc fieri, nullus tibi paruulus aula
luserit Aeneas nec filia dulcior illo.
[iucundum et carum sterilis facit uxor amicum.]
sed tua nunc Mycale pariat licet et pueros tres
in gremium patris fundat semel, ipse loquaci
gaudebit nido, uiridem thoraca iubebit
adferri minimasque nuces assemque rogatum,
ad mensam quotiens parasitus uenerit infans.
uilibus ancipites fungi ponentur amicis,
boletus domino, sed quales Claudius edit
ante illum uxoris, post quem nihil amplius edit.
Virro sibi et reliquis Virronibus illa iubebit
poma dari, quorum solo pascaris odore,
qualia perpetuus Phaeacum autumnus habebat,
credere quae possis subrepta sororibus Afris:

128 ue *PRFHKU*: que *Φ* 137 frater *Colon.* 199, *Paris.* 8291 *sicut coni. Markland*: fratres *PSRΦ* 138 tunc *PRFO*: tu *Φ*: tum *Housman. cf. Pers.* iv. 37 140 *del. Jahn* 141 mycale *Φ*: mygale *PSRΣ* 142 semel *PR*: simul *Φ*

tu scabie frueris mali, quod in aggere rodit
qui tegitur parma et galea metuensque flagelli
discit ab hirsuta iaculum torquere capella.
  forsitan inpensae Virronem parcere credas.
hoc agit, ut doleas; nam quae comoedia, mimus
quis melior plorante gula? ergo omnia fiunt,
si nescis, ut per lacrimas effundere bilem
cogaris pressoque diu stridere molari.
tu tibi liber homo et regis conuiua uideris:
captum te nidore suae putat ille culinae,
nec male coniectat; quis enim tam nudus, ut illum
bis ferat, Etruscum puero si contigit aurum
uel nodus tantum et signum de paupere loro?
spes bene cenandi uos decipit. 'ecce dabit iam
semesum leporem atque aliquid de clunibus apri,
ad nos iam ueniet minor altilis.' inde parato
intactoque omnes et stricto pane tacetis.
ille sapit, qui te sic utitur. omnia ferre
si potes, et debes. pulsandum uertice raso
praebebis quandoque caput nec dura timebis
flagra pati, his epulis et tali dignus amico.

LIBER SECVNDVS

SATVRA VI

CREDO Pudicitiam Saturno rege moratam
in terris uisamque diu, cum frigida paruas
praeberet spelunca domos ignemque laremque
et pecus et dominos communi clauderet umbra,
siluestrem montana torum cum sterneret uxor
frondibus et culmo uicinarumque ferarum

169 tacetis *Φ*: iacetis *PRFZ sicut coni. Lubinus*: sedetis *L*

pellibus, haut similis tibi, Cynthia, nec tibi, cuius
turbauit nitidos extinctus passer ocellos,
sed potanda ferens infantibus ubera magnis
et saepe horridior glandem ructante marito.
quippe aliter tunc orbe nouo caeloque recenti
uiuebant homines, qui rupto robore nati
compositiue luto nullos habuere parentes.
multa Pudicitiae ueteris uestigia forsan
aut aliqua exstiterint et sub Ioue, sed Ioue nondum
barbato, nondum Graecis iurare paratis
per caput alterius, cum furem nemo timeret
caulibus ac pomis et aperto uiueret horto.
paulatim deinde ad superos Astraea recessit
hac comite, atque duae pariter fugere sorores.
anticum et uetus est alienum, Postume, lectum
concutere atque sacri genium contemnere fulcri.
omne aliud crimen mox ferrea protulit aetas:
uiderunt primos argentea saecula moechos.
conuentum tamen et pactum et sponsalia nostra
tempestate paras iamque a tonsore magistro
pecteris et digito pignus fortasse dedisti.
certe sanus eras. uxorem, Postume, ducis?
dic qua Tisiphone, quibus exagitere colubris.
ferre potes dominam saluis tot restibus ullam,
cum pateant altae caligantesque fenestrae,
cum tibi uicinum se praebeat Aemilius pons?
aut si de multis nullus placet exitus, illud
nonne putas melius, quod tecum pusio dormit?
pusio, qui noctu non litigat, exigit a te
nulla iacens illic munuscula, nec queritur quod

13 ue *RFKOTU et ut uid. P sicut coni. Pithoeus*: que *AGHLZP*[2]
18 ac *Φ*: et *PR* 28 ducis *PRATU*: duces *Φ*. *legi non potest G*
29 exagitere *OUZ*: exagitare *PRΦ*

et lateri parcas nec quantum iussit anheles.
sed placet Vrsidio lex Iulia: tollere dulcem
cogitat heredem, cariturus turture magno
mullorumque iubis et captatore macello.
quid fieri non posse putes, si iungitur ulla
Vrsidio? si moechorum notissimus olim
stulta maritali iam porrigit ora capistro,
quem totiens texit perituri cista Latini?
quid quod et antiquis uxor de moribus illi
quaeritur? o medici, nimiam pertundite uenam.
delicias hominis! Tarpeium limen adora
pronus et auratam Iunoni caede iuuencam,
si tibi contigerit capitis matrona pudici.
paucae adeo Cereris uittas contingere dignae,
quarum non timeat pater oscula. necte coronam
postibus et densos per limina tende corymbos.
unus Hiberinae uir sufficit? ocius illud
extorquebis, ut haec oculo contenta sit uno.
magna tamen fama est cuiusdam rure paterno
uiuentis. uiuat Gabiis ut uixit in agro,
uiuat Fidenis, et agello cedo paterno.
quis tamen adfirmat nil actum in montibus aut in
speluncis? adeo senuerunt Iuppiter et Mars?
porticibusne tibi monstratur femina uoto
digna tuo? cuneis an habent spectacula totis
quod securus ames quodque inde excerpere possis?
chironomon Ledam molli saltante Bathyllo
Tuccia uesicae non imperat, Apula gannit,
[sicut in amplexu, subito et miserabile longum.]

46 nimiam *PRFHKTZ*: mediam *AGLOU* 52 tende *RAGLOU*: necte *FHKTZ et in ras.* P^2 57 credo *Thierfelder* 58 nil *PFKOUZ*: nihil *RAGHLT* 65 *del. Guyet* subito *PRKOZ*: subitum *Φ* et *om. OU*, *del. Dobree*

attendit Thymele: Thymele tunc rustica discit.
ast aliae, quotiens aulaea recondita cessant,
et uacuo clusoque sonant fora sola theatro,
atque a plebeis longe Megalesia, tristes
personam thyrsumque tenent et subligar Acci.
Vrbicus exodio risum mouet Atellanae
gestibus Autonoes, hunc diligit Aelia pauper.
soluitur his magno comoedi fibula, sunt quae
Chrysogonum cantare uetent, Hispulla tragoedo
gaudet: an expectas ut Quintilianus ametur?
accipis uxorem de qua citharoedus Echion
aut Glaphyrus fiat pater Ambrosiusque choraules.
longa per angustos figamus pulpita uicos,
ornentur postes et grandi ianua lauro,
ut testudineo tibi, Lentule, conopeo
nobilis Euryalum murmillonem exprimat infans.
nupta senatori comitata est Eppia ludum
ad Pharon et Nilum famosaque moenia Lagi
prodigia et mores urbis damnante Canopo.
inmemor illa domus et coniugis atque sororis
nil patriae indulsit, plorantisque improba natos
utque magis stupeas ludos Paridemque reliquit.
sed quamquam in magnis opibus plumaque paterna
et segmentatis dormisset paruula cunis,
contempsit pelagus; famam contempserat olim,
cuius apud molles minima est iactura cathedras.
Tyrrhenos igitur fluctus lateque sonantem
pertulit Ionium constanti pectore, quamuis
mutandum totiens esset mare. iusta pericli
si ratio est et honesta, timent pauidoque gelantur

69 *del. Guyet* 77 que *PRΦ*: ue *U Vat.* 3287 *sicut coni. Hadr. Valesius* 81 euryalum *PRAU*: euryalum aut *Φ*: euryalum •*O*: euryalum et *Lond. mus. Brit. Add.* 30861. *'nomina lanistae et gladiatorum' Σ*

pectore nec tremulis possunt insistere plantis:
fortem animum praestant rebus quas turpiter audent.
si iubeat coniunx, durum est conscendere nauem,
tunc sentina grauis, tunc summus uertitur aer:
quae moechum sequitur, stomacho ualet. illa maritum
conuomit, haec inter nautas et prandet et errat
per puppem et duros gaudet tractare rudentis.
qua tamen exarsit forma, qua capta iuuenta
Eppia? quid uidit propter quod ludia dici
sustinuit? nam Sergiolus iam radere guttur
coeperat et secto requiem sperare lacerto;
praeterea multa in facie deformia, sicut
attritus galea mediisque in naribus ingens
gibbus et acre malum semper stillantis ocelli.
sed gladiator erat. facit hoc illos Hyacinthos;
hoc pueris patriaeque, hoc praetulit illa sorori
atque uiro. ferrum est quod amant. hic Sergius idem
accepta rude coepisset Veiiento uideri.
  quid priuata domus, quid fecerit Eppia, curas?
respice riuales diuorum, Claudius audi
quae tulerit. dormire uirum cum senserat uxor,
sumere nocturnos meretrix Augusta cucullos 118
ausa Palatino et tegetem praeferre cubili 117
linquebat comite ancilla non amplius una.
sed nigrum flauo crinem abscondente galero
intrauit calidum ueteri centone lupanar
et cellam uacuam atque suam; tunc nuda papillis
prostitit auratis titulum mentita Lyciscae
ostenditque tuum, generose Britannice, uentrem.

103 iuuenta *PRAOU*: iuuenta est *Φ* 108 galeae *Hadr. Valesius* 109 semper *PRAT*: sed *S*: saepe *Φ* 117 *post* 118 *collocauit Hermann* et *Hermann*: *om. PRΦ* 120 sed *PRΦ Seru. in Aen.* iv. 698 *codd. Cassell. et Floriac.*: et *FKTZ Seru. ibid. codd. ceteri*: sic *Ribbeck* 123 prostitit *PSRO*: constitit *Φ*

excepit blanda intrantis atque aera poposcit.
[continueque iacens cunctorum absorbuit ictus.]
mox lenone suas iam dimittente puellas
tristis abit, et quod potuit tamen ultima cellam
clausit, adhuc ardens rigidae tentigine uoluae,
et lassata uiris necdum satiata recessit,
obscurisque genis turpis fumoque lucernae
foeda lupanaris tulit ad puluinar odorem.
hippomanes carmenque loquar coctumque uenenum
priuignoque datum? faciunt grauiora coactae
imperio sexus minimumque libidine peccant.
'optima sed quare Caesennia teste marito?'
bis quingena dedit. tanti uocat ille pudicam,
nec pharetris Veneris macer est aut lampade feruet:
inde faces ardent, ueniunt a dote sagittae.
libertas emitur. coram licet innuat atque
rescribat: uidua est, locuples quae nupsit auaro.
'cur desiderio Bibulae Sertorius ardet?'
si uerum excutias, facies non uxor amatur.
tres rugae subeant et se cutis arida laxet,
fiant obscuri dentes oculique minores,
'collige sarcinulas' dicet libertus 'et exi.
iam grauis es nobis et saepe emungeris. exi
ocius et propera. sicco uenit altera naso.'
interea calet et regnat poscitque maritum
pastores et ouem Canusinam ulmosque Falernas—

126 *post* 125 *habent Dresd.* 155, *Goth.* 2. 52, *Laur.* 34. 34, *Laur. Gadd.* 93. 31. 1, *Laur. Gadd.* 93. 31. 3, *Oenipont.* 992, *post* 128 *'in uetustis codicibus' inuenit Cuspinianus, post* 129 *'ex antiquo libro' reposuit Pulmannus, om. PRΦ* continueque iacens cunctorum *Dresd.* 155, *Goth.* 2. 52, *Laur.* 34. 34, *Laur. Gadd.* 93. 31. 1, *Laur. Gadd.* 93. 31. 3, *Oenipont.* 992: ac resupina iacens multorum *Cuspinianus et Pulmannus* 133–5 *del. Gruppe* 136–93 *exhibet Arou.* 136 caesennia *U Vat. Reg.* 2029: cessennia *GL*: censennia *PSRAFKTZ Arou.*: censenia *O*: censonia *H* 137 quingena *PSR Arou.*: quingenta *Φ* 146 dicet *PRAO Arou.*: dicit *Φ*

quantulum in hoc!—pueros omnes, ergastula tota,
quodque domi non est, sed habet uicinus, ematur.
mense quidem brumae, cum iam mercator Iason
clausus et armatis obstat casa candida nautis,
grandia tolluntur crystallina, maxima rursus
murrina, deinde adamas notissimus et Beronices
in digito factus pretiosior. hunc dedit olim
barbarus incestae gestare Agrippa sorori,
obseruant ubi festa mero pede sabbata reges
et uetus indulget senibus clementia porcis.
'nullane de tantis gregibus tibi digna uidetur?'
sit formonsa, decens, diues, fecunda, uetustos
porticibus disponat auos, intactior omni
crinibus effusis bellum dirimente Sabina,
rara auis in terris nigroque simillima cycno,
quis feret uxorem cui constant omnia? malo,
malo Venustinam quam te, Cornelia, mater
Gracchorum, si cum magnis uirtutibus adfers
grande supercilium et numeras in dote triumphos.
tolle tuum, precor, Hannibalem uictumque Syphacem
in castris et cum tota Carthagine migra.
'parce, precor, Paean, et tu, dea, pone sagittas;
nil pueri faciunt, ipsam configite matrem'
Amphion clamat, sed Paean contrahit arcum.
extulit ergo greges natorum ipsumque parentem,
dum sibi nobilior Latonae gente uidetur

152 sed *PRKOTU Arou.*: et *Φ* 153 cum *Φ*: quo *PRA Arou.*: quom *Lond. mus. Brit. Add.* 12002 *sicut coni. Hermann. cf.* iii. 37 156–215 *om. U, post saturam* XVI *add. manus saec.* XI 156 beronices *R Mico*: beronicis *Φ*: bernices *PA Arou. Sang.*: bernicis *F* 158 gestare *Housman*: dedit hunc *SΦ*: dedit hoc *PRO Arou. Sang.* 159 mero *Φ*: nudo *PRO Arou. cf. Corp. Gloss. Lat.* v. 652. 54 166 feret *PRΦ Arou.*: ferat *L Vat. Reg.* 2029 *Seru. in Aen.* iii. 518 167 uenustinam *Vat. Reg.* 2029, *Valent.* 410 *sicut coni. Buecheler*: uenusinam *PSRΦ Arou.* 172 dea pone *Graeuius*: depone *PRΦ Arou.*

atque eadem scrofa Niobe fecundior alba.
quae tanti grauitas, quae forma, ut se tibi semper
inputet? huius enim rari summique uoluptas
nulla boni, quotiens animo corrupta superbo
plus aloes quam mellis habet. quis deditus autem
usque adeo est, ut non illam quam laudibus effert
horreat inque diem septenis oderit horis?

quaedam parua quidem, sed non toleranda maritis.
nam quid rancidius quam quod se non putat ulla
formosam nisi quae de Tusca Graecula facta est,
de Sulmonensi mera Cecropis? omnia Graece:
[cum sit turpe magis nostris nescire Latine.]
hoc sermone pauent, hoc iram, gaudia, curas,
hoc cuncta effundunt animi secreta. quid ultra?
concumbunt Graece. dones tamen ista puellis,
tune etiam, quam sextus et octogensimus annus
pulsat, adhuc Graece? non est hic sermo pudicus
in uetula. quotiens lasciuum interuenit illud
ζωὴ καὶ ψυχή, modo sub lodice relictis
uteris in turba. quod enim non excitet inguen
uox blanda et nequam? digitos habet. ut tamen omnes
subsidant pinnae, dicas haec mollius Haemo
quamquam et Carpophoro, facies tua conputat annos.

si tibi legitimis pactam iunctamque tabellis
non es amaturus, ducendi nulla uidetur
causa, nec est quare cenam et mustacea perdas
labente officio crudis donanda, nec illud
quod prima pro nocte datur, cum lance beata
Dacicus et scripto radiat Germanicus auro.
si tibi simplicitas uxoria, deditus uni

183 diem *PRAO Arou.*: dies *Φ*   184 *om. Gaybac.* II, *Vlm.*, *del. Heinrich, qui uersu* 185 numquid *coniecit*   188 *om. Gaybac.* II, *Vlm.*, *del. Barth*   195 ferendis *Housman*

est animus, summitte caput ceruice parata
ferre iugum. nullam inuenies quae parcat amanti.
ardeat ipsa licet, tormentis gaudet amantis
et spoliis; igitur longe minus utilis illi
uxor, quisquis erit bonus optandusque maritus.
nil umquam inuita donabis coniuge, uendes
hac obstante nihil, nihil haec si nolet emetur.
haec dabit affectus: ille excludatur amicus
iam senior, cuius barbam tua ianua uidit.
testandi cum sit lenonibus atque lanistis
libertas et iuris idem contingat harenae,
non unus tibi riualis dictabitur heres.
'pone crucem seruo.' 'meruit quo crimine seruus
supplicium? quis testis adest? quis detulit? audi;
nulla umquam de morte hominis cunctatio longa est.'
'o demens, ita seruus homo est? nil fecerit, esto:
hoc uolo, sic iubeo, sit pro ratione uoluntas.'
imperat ergo uiro. sed mox haec regna relinquit
permutatque domos et flammea conterit; inde
auolat et spreti repetit uestigia lecti.
ornatas paulo ante fores, pendentia linquit
uela domus et adhuc uirides in limine ramos.
sic crescit numerus, sic fiunt octo mariti
quinque per autumnos, titulo res digna sepulcri.
   desperanda tibi salua concordia socru.
illa docet spoliis nudi gaudere mariti,
illa docet missis a corruptore tabellis
nil rude nec simplex rescribere, decipit illa
custodes aut aere domat. tum corpore sano
aduocat Archigenen onerosaque pallia iactat.

213 nolet *Laur. S. Marci* 234 *R*²: nollet *PRF*: nolit *Φ* 222 fecerit *PRAFLUZ*: feceris GHKOT 235 tum *Vat.* 3286: tunc *PSRΦ*: aut *O*

abditus interea latet et secretus adulter
inpatiensque morae silet et praeputia ducit.
scilicet expectas ut tradat mater honestos
atque alios mores quam quos habet? utile porro
filiolam turpi uetulae producere turpem.
   nulla fere causa est in qua non femina litem
mouerit. accusat Manilia, si rea non est.
conponunt ipsae per se formantque libellos,
principium atque locos Celso dictare paratae.
   endromidas Tyrias et femineum ceroma
quis nescit, uel quis non uidit uulnera pali,
quem cauat adsiduis rudibus scutoque lacessit
atque omnis implet numeros dignissima prorsus
Florali matrona tuba, nisi si quid in illo
pectore plus agitat ueraeque paratur harenae?
quem praestare potest mulier galeata pudorem,
quae fugit a sexu, uires amat? haec tamen ipsa
uir nollet fieri; nam quantula nostra uoluptas!
quale decus, rerum si coniugis auctio fiat,
balteus et manicae et cristae crurisque sinistri
dimidium tegimen! uel si diuersa mouebit
proelia, tu felix ocreas uendente puella.
hae sunt quae tenui sudant in cyclade, quarum
delicias et panniculus bombycinus urit.
aspice quo fremitu monstratos perferat ictus
et quanto galeae curuetur pondere, quanta
poplitibus sedeat quam denso fascia libro,
et ride positis scaphium cum sumitur armis.
dicite uos, neptes Lepidi caeciue Metelli

238 '*hic uersiculus in quibusdam codicibus non est, inquit Probus*' *Valla*   silet *PRO*: pauet *ΦΣ*   ducit *PRAHLOU*: discit *GKTZ*: *om. F*   247 uel *PRALU*: aut *Φ*   248 rudibus *PRFΣ sicut coni. Lipsius*: sudibus *Φ*   250 in imo *Scholte*   252–310 *exhibet Arou.*   259 hae *PRΦ*: haec *FK Arou. Sang. cf.* 592, *Heraeus ad Mart.* vii. 26. 4

Gurgitis aut Fabii, quae ludia sumpserit umquam
hos habitus? quando ad palum gemat uxor Asyli?
  semper habet lites alternaque iurgia lectus
in quo nupta iacet; minimum dormitur in illo.
tum grauis illa uiro, tunc orba tigride peior,
cum simulat gemitus occulti conscia facti,
aut odit pueros aut ficta paelice plorat
uberibus semper lacrimis semperque paratis
in statione sua atque expectantibus illam,
quo iubeat manare modo. tu credis amorem,
tu tibi tunc, uruca, places fletumque labellis
exorbes, quae scripta et quot lecture tabellas
si tibi zelotypae retegantur scrinia moechae!
sed iacet in serui complexibus aut equitis. dic,
dic aliquem sodes hic, Quintiliane, colorem.
haeremus. dic ipsa. 'olim conuenerat' inquit
'ut faceres tu quod uelles, nec non ego possem
indulgere mihi. clames licet et mare caelo
confundas, homo sum.' nihil est audacius illis
deprensis: iram atque animos a crimine sumunt.
  unde haec monstra tamen uel quo de fonte requiris?
praestabat castas humilis fortuna Latinas
quondam, nec uitiis contingi parua sinebant
tecta labor somnique breues et uellere Tusco
uexatae duraeque manus ac proximus urbi
Hannibal et stantes Collina turre mariti.
nunc patimur longae pacis mala, saeuior armis

270 tum *U*: cum *PRA Arou.*: tunc *Φ*. *cf.* iii. 214 274 expectantibus *PRAUZ Arou.*: spectantibus *Φ*. *cf.* 371, vii. 22 276 tunc *SRGU Arou. et in ras. P*: tum *FK*: tu *OZ*: cum *AHT*: nunc *L* uruca *PSR Arou. Σ*: curuca *Φ* 280 hic *PRKZ Arou.*: dic *Φ* 282 nec *PRFHT Arou.*: ne *Φ* 285 a *Φ Gelasius Adu. Androm. Patrol. Lat.* lix. 114 c: de *R*: *om. PF Arou. cf. Cypr. Hept. Gen.* 1200, *Dracont. De laud. dei* iii. 474, *Orest. trag.* 234 288 sinebant *PR Arou.*: sinebat *Φ*

luxuria incubuit uictumque ulciscitur orbem.
nullum crimen abest facinusque libidinis ex quo
paupertas Romana perit. hinc fluxit ad istos
et Sybaris colles, hinc et Rhodos et Miletos
atque coronatum et petulans madidumque Tarentum.
prima peregrinos obscena pecunia mores
intulit, et turpi fregerunt saecula luxu
diuitiae molles. quid enim uenus ebria curat?
inguinis et capitis quae sint discrimina nescit
grandia quae mediis iam noctibus ostrea mordet,
cum perfusa mero spumant unguenta Falerno,
cum bibitur concha, cum iam uertigine tectum
ambulat et geminis exsurgit mensa lucernis.
i nunc et dubita qua sorbeat aera sanna
Maura, Pudicitiae ueterem cum praeterit aram, 308
Tullia quid dicat, notae collactea Maurae. 307
noctibus hic ponunt lecticas, micturiunt hic
effigiemque deae longis siphonibus implent
inque uices equitant ac Luna teste mouentur,
inde domos abeunt: tu calcas luce reuersa
coniugis urinam magnos uisurus amicos.
nota bonae secreta deae, cum tibia lumbos
incitat et cornu pariter uinoque feruntur
attonitae crinemque rotant ululantque Priapi
maenades. o quantus tunc illis mentibus ardor
concubitus, quae uox saltante libidine, quantus
ille meri ueteris per crura madentia torrens!
lenonum ancillas posita Saufeia corona

295 istos *KU sicut coni. Nogarola*: istros *Φ*: ismos *Z*: indos *PR Arou.* 307 *post* 308 *ponunt K Vat. Reg.* 2029, *om. PR Arou. cf. Madvig, Opusc. acad. pp.* 557–8 311–39 *initia*, 340–68 *exitus praebet Arou.* 316 ululantque priapi *PSR*: ululante priapo *Φ* 320 saufeia *FΣ*: (posita)s aut feta *PSR*: laufela *peioraue Φ. cf.* ix. 117

prouocat et tollit pendentis praemia coxae,
ipsa Medullinae fluctum crisantis adorat:
palma inter dominas, uirtus natalibus aequa.
nil ibi per ludum simulabitur, omnia fient
ad uerum, quibus incendi iam frigidus aeuo
Laomedontiades et Nestoris hirnea possit.
tunc prurigo morae inpatiens, tum femina simplex,
ac pariter toto repetitus clamor ab antro
'iam fas est, admitte uiros.' dormitat adulter,
illa iubet sumpto iuuenem properare cucullo;
si nihil est, seruis incurritur; abstuleris spem
seruorum, uenit et conductus aquarius; hic si
quaeritur et desunt homines, mora nulla per ipsam
quo minus inposito clunem summittat asello.
atque utinam ritus ueteres et publica saltem
his intacta malis agerentur sacra; sed omnes
nouerunt Mauri atque Indi quae psaltria penem
maiorem quam sunt duo Caesaris Anticatones
illuc, testiculi sibi conscius unde fugit mus,
intulerit, ubi uelari pictura iubetur
quaecumque alterius sexus imitata figuras.
et quis tunc hominum contemptor numinis, aut quis
simpuuium ridere Numae nigrumque catinum
et Vaticano fragiles de monte patellas
ausus erat? sed nunc ad quas non Clodius aras?

321 et tollit *Φ*: attollit *PR Arou.*: ac tollit *Hadr. Valesius* 322 fluctum *PSRAFΣ*: fructum *Φ*: frictum *LO* 323 palma *PSR Arou.*: palmam *Φ* aequa *PR*: aequat *Φ* 327 tum *PR*: tunc *Φ Arou. cf.* iii. 214 328 ac *PR Arou.*: et *Φ* pariter toto *PRALU Arou.*: toto pariter *Φ*. *legi non potest G* 329 dormitat *Φ Prisc. G.L.K.* ii. 404: si iam dormit *PS*: si dormit *R*: iam dormit *Pithoeus*. *'si adulter dormitat' Σ*. *legi non potest G* 332 uenit et *PR et ut uid. S*: ueniet *Φ*. *legi non potest G* 341 figuras *PR Arou.*: figura est *FGO*: figuram est *Φ* 343 que *PRU Arou. Sang.*: ue *Φ*

[audio quid ueteres olim moneatis amici,
'pone seram, cohibe.' sed quis custodiet ipsos
custodes? cauta est et ab illis incipit uxor.]
iamque eadem summis pariter minimisque libido,
nec melior silicem pedibus quae conterit atrum
quam quae longorum uehitur ceruice Syrorum.
  ut spectet ludos, conducit Ogulnia uestem,
conducit comites, sellam, ceruical, amicas,
nutricem et flauam cui det mandata puellam.
haec tamen argenti superest quodcumque paterni
leuibus athletis et uasa nouissima donat.
multis res angusta domi, sed nulla pudorem
paupertatis habet nec se metitur ad illum
quem dedit haec posuitque modum. tamen utile quid sit
prospiciunt aliquando uiri, frigusque famemque
formica tandem quidam expauere magistra:
prodiga non sentit pereuntem femina censum.
ac uelut exhausta recidiuus pullulet arca
nummus et e pleno tollatur semper aceruo,
non umquam reputant quanti sibi gaudia constent.
  in quacumque domo uiuit luditque professus
obscenum et tremula promittens omnia dextra,
inuenies omnis turpes similesque cinaedis.
his uiolare cibos sacraeque adsistere mensae
permittunt, et uasa iubent frangenda lauari
cum colocyntha bibit uel cum barbata chelidon.

346–8 *del. M. Maas. cf. infra O* 30–34 347 cohibe *Φ*: prohibe *PR* 349 *om. Flor. Ricc.* 612, *del. Ribbeck* 363 recidiuus *Norimberg.* 6. 19 *sicut coni. Scioppius*: rediciuus *Laur.* 34. 34: rediuiuus *PRΦ* 364 tollatur semper *PRA Arou.*: semper tollatur *Φ* 365 *'hic uersus in quibusdam non est, ut inquit Probus' Valla* umquam *Φ*: nunquam *RFZ*: nusquam *P*: usquam *Buecheler* reputant *PRU*: repetunt *Φ* sibi *PRHKU Arou.*: sua *Φ* *post* 365 *uersus triginta quattuor, qui ceteris omnibus codicibus desunt, seruauit O. cf. praef. pp.* x, xiii 2 promittens *von Winterfeld*: promittit *O*

purior ergo tuis laribus meliorque lanista,
in cuius numero longe migrare iubetur
psyllus ab †eupholio.† quid quod nec retia turpi
iunguntur tunicae, nec cella ponit eadem
munimenta umeri †pulsatamque arma† tridentem
qui nudus pugnare solet? pars ultima ludi
accipit has animas aliusque in carcere neruos.
sed tibi communem calicem facit uxor et illis
cum quibus Albanum Surrentinumque recuset
flaua ruinosi lupa degustare sepulchri.
horum consiliis nubunt subitaeque recedunt,
his languentem animum †seruant† et seria uitae,
his clunem atque latus discunt uibrare magistris,
quicquid praeterea scit qui docet. haud tamen illi
semper habenda fides: oculos fuligine pascit
distinctus croceis et reticulatus adulter.
suspectus tibi sit, quanto uox mollior et quo
saepius in teneris haerebit dextera lumbis.
hic erit in lecto fortissimus; exuit illic
personam docili Thais saltata Triphallo.
quem rides? aliis hunc mimum! sponsio fiat:
purum te contendo uirum. contendo: fateris?
an uocat ancillas tortoris pergula? noui
consilia et ueteres quaecumque monetis amici,
'pone seram, cohibe'. sed quis custodiet ipsos

9 psyllus *Postgate*: psillus *O*: psellus *Housman. cf. Charis.* (*Barwick p.* 141, *G.L.K.* i. 110) '*inde effeminati bodieque in ludo syllae dicuntur, quos uulgo inprudenter psyllos appellant*' euphono *Housman et Platt* 11 pulsata hastamque tridentem *Housman* 13 has *Housman*: as *O* aliusque *Housman*: aliosque *O* 15 recuset *Platt*: recusat *O* 18 soluunt *Housman et Postgate*: releuant *Housman*: reserant *Axelson* 25 lecto *Postgate*: tecto *O* 27 *dist. Housman* 29–34 *cf.* 346–8 31 cohibe *Φ uersu* 347: cohibes *O* custodiet *Φ uersu* 347: custodiat *O*

custodes, qui nunc lasciuae furta puellae
hac mercede silent? crimen commune tacetur.
prospicit hoc prudens et ab illis incipit uxor.
  sunt quas eunuchi inbelles ac mollia semper 366
oscula delectent et desperatio barbae
et quod abortiuo non est opus. illa uoluptas
summa tamen, quom iam calida matura iuuenta
inguina traduntur medicis, iam pectine nigro.
ergo expectatos ac iussos crescere primum
testiculos, postquam coeperunt esse bilibres,
tonsoris tantum damno rapit Heliodorus.
mangonum pueros uera ac miserabilis urit 373 A
debilitas, follisque pudet cicerisque relicti. 373 B
conspicuus longe cunctisque notabilis intrat
balnea nec dubie custodem uitis et horti
prouocat a domina factus spado. dormiat ille
cum domina, sed tu iam durum, Postume, iamque
tondendum eunucho Bromium committere noli.
  si gaudet cantu, nullius fibula durat
uocem uendentis praetoribus. organa semper
in manibus, densi radiant testudine tota
sardonyches, crispo numerantur pectine chordae
quo tener Hedymeles operas dedit: hunc tenet, hoc se
solatur gratoque indulget basia plectro.
quaedam de numero Lamiarum ac nominis Appi
et farre et uino Ianum Vestamque rogabat,
an Capitolinam deberet Pollio quercum

32–33 qui—tacetur *adfert Σ ad* 348 369 quom *Ribbeck*: quod *PRΦ*. '*quando iam pubuerint*' *Σ*. *cf.* iii. 37 371 expectatos *Φ*: spectatos *PR*. *cf.* 274 373 tantum damno *Φ*: damno tantum *PSRA Mico Sang.* 373 AB *solus seruauit O* 373 A mangonum *Postgate*: magonum *O* 385 appi *FΣ*: ap *S*: a• *P*: appae *R*: alti *Φ*: Aeli *N. Heinsius*. *cf.* v. 38 386 et farre *PRA*: cum farre *Φ*. *legi non potest G*

sperare et fidibus promittere. quid faceret plus
aegrotante uiro, medicis quid tristibus erga
filiolum? stetit ante aram nec turpe putauit
pro cithara uelare caput dictataque uerba
pertulit, ut mos est, et aperta palluit agna.
dic mihi nunc, quaeso, dic, antiquissime diuom,
respondes his, Iane pater? magna otia caeli;
non est, quod uideo, non est quod agatur apud uos.
haec de comoedis te consulit, illa tragoedum
commendare uolet: uaricosus fiet haruspex.

sed cantet potius quam totam peruolet urbem
audax et coetus possit quae ferre uirorum
cumque paludatis ducibus praesente marito
ipsa loqui recta facie siccisque mamillis.
haec eadem nouit quid toto fiat in orbe,
quid Seres, quid Thraces agant, secreta nouercae
et pueri, quis amet, quis diripiatur adulter;
dicet quis uiduam praegnatem fecerit et quo
mense, quibus uerbis concumbat quaeque, modis quot.
instantem regi Armenio Parthoque cometen
prima uidet, famam rumoresque illa recentis
excipit ad portas, quosdam facit; isse Niphaten
in populos magnoque illic cuncta arua teneri
diluuio, nutare urbes, subsidere terras,
quocumque in triuio, cuicumque est obuia, narrat.
nec tamen id uitium magis intolerabile quam quod
uicinos humiles rapere et concidere loris
†exortata† solet. nam si latratibus alti
rumpuntur somni, 'fustes huc ocius' inquit

395 quod uideo *PRT*: ut uideo *Φ* 396–438 *legi non potest G* 399 possit *PSRK*: posset *Φ* 404 diripiatur *PSRΣ*: dicipiatur *U*: decipiatur *Φ* 413 quod *Φ*: quae *PR*: quo *Schrader* 415 exortata *PH*: exorata *RΦΣ*

'adferte' atque illis dominum iubet ante feriri,
deinde canem. grauis occursu, taeterrima uultu
balnea nocte subit, conchas et castra moueri
nocte iubet, magno gaudet sudare tumultu,
cum lassata graui ceciderunt bracchia massa,
callidus et cristae digitos inpressit aliptes
ac summum dominae femur exclamare coegit.
conuiuae miseri interea somnoque fameque
urguentur. tandem illa uenit rubicundula, totum
oenophorum sitiens, plena quod tenditur urna
admotum pedibus, de quo sextarius alter
ducitur ante cibum rabidam facturus orexim,
dum redit et loto terram ferit intestino.
marmoribus riui properant, aurata Falernum
peluis olet; nam sic, tamquam alta in dolia longus
deciderit serpens, bibit et uomit. ergo maritus
nauseat atque oculis bilem substringit opertis.
  illa tamen grauior, quae cum discumbere coepit
laudat Vergilium, periturae ignoscit Elissae,
committit uates et comparat, inde Maronem
atque alia parte in trutina suspendit Homerum.
cedunt grammatici, uincuntur rhetores, omnis
turba tacet, nec causidicus nec praeco loquetur,
altera nec mulier: uerborum tanta cadit uis,
tot pariter pelues ac tintinnabula dicas
pulsari. iam nemo tubas, nemo aera fatiget:
una laboranti poterit succurrere Lunae.
inponit finem sapiens et rebus honestis;
nam quae docta nimis cupit et facunda uideri

427–55 *initia*, 456–84 *exitus praebet Arou.* 429 et loto terram *PR Arou.*: et luto terram *A*: et terram lotio *O*: et terram luto *KLTU*: et terramque luto *FZ*: terramque luto *H Lond. mus. Brit. Add.* 30861 430 aurata *PSR*: aut lata *Φ* 437 *in hoc uersu desinit R* 442 nemo aera *P Norimberg.* 6. 19: atque aera *Φ*

crure tenus medio tunicas succingere debet,
caedere Siluano porcum, quadrante lauari.
non habeat matrona, tibi quae iuncta recumbit,
dicendi genus, aut curuum sermone rotato
torqueat enthymema, nec historias sciat omnes,
sed quaedam ex libris et non intellegat. odi
hanc ego quae repetit uoluitque Palaemonis artem
seruata semper lege et ratione loquendi
ignotosque mihi tenet antiquaria uersus
nec curanda uiris. opicae castiget amicae
uerba: soloecismum liceat fecisse marito.
  nil non permittit mulier sibi, turpe putat nil,
cum uiridis gemmas collo circumdedit et cum
auribus extentis magnos commisit elenchos.
[intolerabilius nihil est quam femina diues.]
interea foeda aspectu ridendaque multo
pane tumet facies aut pinguia Poppaeana
spirat et hinc miseri uiscantur labra mariti.
ad moechum lota ueniunt cute. quando uideri
uult formonsa domi? moechis foliata parantur,
his emitur quidquid graciles huc mittitis Indi.
tandem aperit uultum et tectoria prima reponit,
incipit agnosci, atque illo lacte fouetur
propter quod secum comites educit asellas
exul Hyperboreum si dimittatur ad axem.
sed quae mutatis inducitur atque fouetur
tot medicaminibus coctaeque siliginis offas
accipit et madidae, facies dicetur an ulcus?
  est pretium curae penitus cognoscere toto

455 *dist. Housman* castiget *Vat. Ottob.* 1471 *sicut coni. Ribbeck*: castigat *PSΦ* 459 extentis *PA*: extensis *Φ*. *cf.* xii. 5, 68 460 *del. Paldamus* 461–3 *post* 466 *collocauit Madvig, Opusc. acad. pp.* 556–7 469 educet *Jahn*: educat *Housman* 474 pretium curae *PFOUZ*: operae pretium *AGHKLΣ*: pretium *T*

quid faciant agitentque die. si nocte maritus
auersus iacuit, periit libraria, ponunt
cosmetae tunicas, tarde uenisse Liburnus
dicitur et poenas alieni pendere somni
cogitur, hic frangit ferulas, rubet ille flagello,
hic scutica; sunt quae tortoribus annua praestent.
uerberat atque obiter faciem linit, audit amicas
aut latum pictae uestis considerat aurum
et caedit, longi relegit transuersa diurni
et caedit, donec lassis caedentibus 'exi'
intonet horrendum iam cognitione peracta.
praefectura domus Sicula non mitior aula.
nam si constituit solitoque decentius optat
ornari et properat iamque expectatur in hortis
aut apud Isiacae potius sacraria lenae,
disponit crinem laceratis ipsa capillis
nuda umeros Psecas infelix nudisque mamillis.
'altior hic quare cincinnus?' taurea punit
continuo flexi crimen facinusque capilli.
quid Psecas admisit? quaenam est hic culpa puellae,
si tibi displicuit nasus tuus? altera laeuum
extendit pectitque comas et uoluit in orbem.
est in consilio materna admotaque lanis
emerita quae cessat acu; sententia prima
huius erit, post hanc aetate atque arte minores
censebunt, tamquam famae discrimen agatur
aut animae: tanta est quaerendi cura decoris.
tot premit ordinibus, tot adhuc conpagibus altum
aedificat caput: Andromachen a fronte uidebis,

479 flagello *PG Arou.*: flagellis Φ   486 praefectura *PSG*: perfectura *A*: profectura Φ   domus *PG*: domos *U*: domo Φ   490 disponit *PSAGU*: componit Φ. 'disponit *pro componit*' Σ   491 umeros *A Guelf. Gud.* 156: umero *PS*Φ: hume *G*   501 tanta *PFGK*Σ: tanti Φ

post minor est, credas aliam. cedo si breue parui
sortita est lateris spatium breuiorque uidetur
uirgine Pygmaea nullis adiuta coturnis
et leuis erecta consurgit ad oscula planta.
  nulla uiri cura interea nec mentio fiet
damnorum. uiuit tamquam uicina mariti,
hoc solo propior, quod amicos coniugis odit
et seruos, grauis est rationibus. ecce furentis
Bellonae matrisque deum chorus intrat et ingens
semiuir, obsceno facies reuerenda minori,
mollia qui rapta secuit genitalia testa
iam pridem, cui rauca cohors, cui tympana cedunt
plebeia et Phrygia uestitur bucca tiara.
grande sonat metuique iubet Septembris et austri
aduentum, nisi se centum lustrauerit ouis
et xerampelinas ueteres donauerit ipsi,
ut quidquid subiti et magni discriminis instat
in tunicas eat et totum semel expiet annum.
hibernum fracta glacie descendet in amnem,
ter matutino Tiberi mergetur et ipsis
uerticibus timidum caput abluet, inde superbi
totum regis agrum nuda ac tremibunda cruentis
erepet genibus; si candida iusserit Io,
ibit ad Aegypti finem calidaque petitas
a Meroe portabit aquas, ut spargat in aede
Isidis, antiquo quae proxima surgit ouili.
credit enim ipsius dominae se uoce moneri.
en animam et mentem cum qua di nocte loquantur!
ergo hic praecipuum summumque meretur honorem
qui grege linigero circumdatus et grege caluo
plangentis populi currit derisor Anubis.

527 calidaque *GK et ut uid. P*: calidasque *Φ*. *uersum om. T* 528 aede *PAUΣ*: aedem *Φ* 530 *del. Paldamus* 533 linigero *KP²*: lanigero *PΦ*

ille petit ueniam, quotiens non abstinet uxor
concubitu sacris obseruandisque diebus
magnaque debetur uiolato poena cadurco
et mouisse caput uisa est argentea serpens;
illius lacrimae meditataque murmura praestant
ut ueniam culpae non abnuat ansere magno
scilicet et tenui popano corruptus Osiris.
cum dedit ille locum, cophino fenoque relicto
arcanam Iudaea tremens mendicat in aurem,
interpres legum Solymarum et magna sacerdos
arboris ac summi fida internuntia caeli.
implet et illa manum, sed parcius; aere minuto
qualiacumque uoles Iudaei somnia uendunt.
spondet amatorem tenerum uel diuitis orbi
testamentum ingens calidae pulmone columbae
tractato Armenius uel Commagenus haruspex;
pectora pullorum rimabitur, exta catelli
interdum et pueri; faciet quod deferat ipse.
Chaldaeis sed maior erit fiducia: quidquid
dixerit astrologus, credent a fonte relatum
Hammonis, quoniam Delphis oracula cessant
et genus humanum damnat caligo futuri.
praecipuus tamen est horum, qui saepius exul.
[cuius amicitia conducendaque tabella
magnus ciuis obit et formidatus Othoni]
inde fides artis, sonuit si dextera ferro
laeuaque, si longe castrorum in carcere mansit.

537 cadurco *PFG Probus Vallae*: caduco *KT*: caduceo *Φ* 539 lacrimae *PGO et ut uid. Z*: lacrimas *U*: lacrimis *Φ* 541 popano *PFG Mico*: pepano *U Vat. Pal.* 1701: pepono *Φ* 551 rimabitur *PGK*: rima••tur (bi *eras.*) et *T*: rimatur et *Φ* 554 fonte *F Vat.* 2810, *schol. Stat. Theb.* iii. 476: fronte *PΦ* 558–9 *om. PFG, non interpretatur Σ, del. Hermann. cf. G.L.K.* vii. 544 '*formidatam tabellam, pinacem*' 560 artis *PAGO*: arti *Φ* 561 longe *O sicut coni. Buecheler*: longo *Φ*: longa *P. sed cf. Ouid. Am.* i. 6. 25.

nemo mathematicus genium indemnatus habebit,
sed qui paene perit, cui uix in Cyclada mitti
contigit et parua tandem caruisse Seripho.
consulit ictericae lento de funere matris,
ante tamen de te Tanaquil tua, quando sororem
efferat et patruos, an sit uicturus adulter
post ipsam; quid enim maius dare numina possunt?
haec tamen ignorat quid sidus triste minetur
Saturni, quo laeta Venus se proferat astro,
quis mensis damnis, quae dentur tempora lucro:
illius occursus etiam uitare memento,
in cuius manibus ceu pinguia sucina tritas
cernis ephemeridas, quae nullum consulit et iam
consulitur, quae castra uiro patriamque petente
non ibit pariter numeris reuocata Thrasylli.
ad primum lapidem uectari cum placet, hora
sumitur ex libro; si prurit frictus ocelli
angulus, inspecta genesi collyria poscit;
aegra licet iaceat, capiendo nulla uidetur
aptior hora cibo nisi quam dederit Petosiris.
si mediocris erit, spatium lustrabit utrimque
metarum et sortes ducet frontemque manumque
praebebit uati crebrum poppysma roganti.
diuitibus responsa dabit Phryx augur et inde
conductus, dabit astrorum mundique peritus
atque aliquis senior qui publica fulgura condit.
plebeium in circo positum est et in aggere fatum.
quae nudis longum ostendit ceruicibus aurum

563 cyclada *PSG*: cyclade *Φ* 569 haec *Φ*: hic *FZ*: nec *PSA* ignorat *Φ*: ignorant *PFGTΣ* 571 quis *PU*: qui *Φ*: quid *G* 575 patriamue *Hadr. Valesius*. '*peregrinamue patriam*' *Σ* petente *PAGHKT*: petenti *FLOUZ* 582 utrimque *PG*: utrumque *Φ* 585 dabit *Φ*: dabunt *PG*: feret *HLO* inde *PΦΣ*: indus *Vat.* 3192, *Vat.* 3286 *post* 585 *unum uersum excidisse censuit Housman* 588 *del. Nisbet*

consulit ante falas delphinorumque columnas
an saga uendenti nubat caupone relicto.
  hae tamen et partus subeunt discrimen et omnis
nutricis tolerant fortuna urguente labores,
sed iacet aurato uix ulla puerpera lecto.
tantum artes huius, tantum medicamina possunt,
quae steriles facit atque homines in uentre necandos
conducit. gaude, infelix, atque ipse bibendum
porrige quidquid erit; nam si distendere uellet
et uexare uterum pueris salientibus, esses
Aethiopis fortasse pater, mox decolor heres
impleret tabulas numquam tibi mane uidendus.
transeo suppositos et gaudia uotaque saepe
ad spurcos decepta lacus, saepe inde petitos
pontifices, salios Scaurorum nomina falso
corpore laturos. stat Fortuna inproba noctu
adridens nudis infantibus: hos fouet omni
inuoluitque sinu, domibus tunc porrigit altis
secretumque sibi mimum parat; hos amat, his se
ingerit utque suos semper producit alumnos.
  hic magicos adfert cantus, hic Thessala uendit
philtra, quibus ualeat mentem uexare mariti
et solea pulsare natis. quod desipis, inde est,
inde animi caligo et magna obliuio rerum
quas modo gessisti. tamen hoc tolerabile, si non
[semper aquam portes rimosa ad dolia, semper 614 A
istud onus subeas ipsis manantibus urnis, 614 B
quo rabidus nostro Phalarim de rege dedisti.] 614 C

592 hae *Φ*: haec *PSGKOU*. *cf.* 259 603 saepe *GK et ut uid. P*: sepeque *U*: atque *Φ* 606 omni *PFG*: omnes *Φ*: ulnis *Markland* 614 ABC *post* 614 *ponunt U Valla et in marg. Lond. mus. Brit. Add.* 12002, *post* 601 *K et in marg. Vat. Reg.* 2029 *man.* 2, *om. PΦ*. *'sed hi tres uersiculi in multis non sunt codicibus, quos in antiquissimo legimus codice et Probus etiam refert' Valla* 614 C quo *editores*: quod *KU*

et furere incipias ut auunculus ille Neronis,
cui totam tremuli frontem Caesonia pulli
infudit. quae non faciet quod principis uxor?
ardebant cuncta et fracta conpage ruebant
non aliter quam si fecisset Iuno maritum
insanum. minus ergo nocens erit Agrippinae
boletus, siquidem unius praecordia pressit
ille senis tremulumque caput descendere iussit
in caelum et longa manantia labra saliua:
haec poscit ferrum atque ignes, haec potio torquet,
haec lacerat mixtos equitum cum sanguine patres.
tanti partus equae, tanti una uenefica constat.
oderunt natos de paelice; nemo repugnet,
nemo uetet, iam iam priuignum occidere fas est.
uos ego, pupilli, moneo, quibus amplior est res,
custodite animas et nulli credite mensae:
liuida materno feruent adipata ueneno.
mordeat ante aliquis quidquid porrexerit illa
quae peperit, timidus praegustet pocula papas.
fingimus haec altum satura sumente coturnum
scilicet, et finem egressi legemque priorum
grande Sophocleo carmen bacchamur hiatu,
montibus ignotum Rutulis caeloque Latino?
nos utinam uani. sed clamat Pontia 'feci,
confiteor, puerisque meis aconita paraui,
quae deprensa patent; facinus tamen ipsa peregi.'
tune duos una, saeuissima uipera, cena?

Vat. Reg. 2029, *Lond. mus. Brit. Add.* 12002, *Valla* rabidus *U Lond. mus. Brit. Add.* 12002, *Valla*: rabidum *K Vat. Reg.* 2029 623 longa ... saliua *PSAFGK*: longam ... saliuam *Φ* 624–6 *del. Jachmann* 626 tanti una *PGΣ*: quantum una *Φ* 632–3 *om. PG, non interpretatur Σ, del. Guyet. 'hi duo, inquit Probus, uersiculi in aliis non sunt' Valla* 635 et finem egressi *PAFGU*: et finem egressi et finem *H*: egressi et finem *KLOTZ*

tune duos? 'septem, si septem forte fuissent.'
credamus tragicis quidquid de Colchide torua
dicitur et Procne; nil contra conor. et illae
grandia monstra suis audebant temporibus, sed
non propter nummos. minor admiratio summis
debetur monstris, quotiens facit ira nocentes
hunc sexum et rabie iecur incendente feruntur
praecipites, ut saxa iugis abrupta, quibus mons
subtrahitur cliuoque latus pendente recedit:
illam ego non tulerim quae conputat et scelus ingens
sana facit. spectant subeuntem fata mariti
Alcestim et, similis si permutatio detur,
morte uiri cupiant animam seruare catellae.
occurrent multae tibi Belides atque Eriphylae
mane, Clytemestram nullus non uicus habebit.
hoc tantum refert, quod Tyndaris illa bipennem
insulsam et fatuam dextra laeuaque tenebat;
at nunc res agitur tenui pulmone rubetae,
sed tamen et ferro, si praegustarit Atrides
Pontica ter uicti cautus medicamina regis.

LIBER TERTIVS

SATVRA VII

Et spes et ratio studiorum in Caesare tantum;
solus enim tristes hac tempestate Camenas
respexit, cum iam celebres notique poetae
balneolum Gabiis, Romae conducere furnos

643 tragicis *PAFGHU*: magicis *KLOTZ* 647 nocentes *PGTU*: nocentem *Φ* 660 praegustarit *Monac.* 14466 *sicut coni. Markland*: praegustaret *Φ*: praegustabit *PSG*: praegustauit *U*. '*manducauerit*' *Σ*. *cf.* xiv. 59, 83 3 celebres notique *PAG*: noti celebresque *Φ*: multi celebresque *LZ*

temptarent, nec foedum alii nec turpe putarent
praecones fieri, cum desertis Aganippes
uallibus esuriens migraret in atria Clio.
nam si Pieria quadrans tibi nullus in umbra
ostendatur, ames nomen uictumque Machaerae
et uendas potius commissa quod auctio uendit
stantibus, oenophorum, tripedes, armaria, cistas,
Alcithoen Pacci, Thebas et Terea Fausti.
hoc satius quam si dicas sub iudice 'uidi'
quod non uidisti; faciant equites Asiani,
[quamquam et Cappadoces faciant equitesque Bithyni]
altera quos nudo traducit gallica talo.
nemo tamen studiis indignum ferre laborem
cogetur posthac, nectit quicumque canoris
eloquium uocale modis laurumque momordit.
hoc agite, o iuuenes. circumspicit et stimulat uos
materiamque sibi ducis indulgentia quaerit.
si qua aliunde putas rerum expectanda tuarum
praesidia atque ideo croceae membrana tabellae
impletur, lignorum aliquid posce ocius et quae
componis dona Veneris, Telesine, marito,
aut clude et positos tinea pertunde libellos.
frange miser calamum uigilataque proelia dele,
qui facis in parua sublimia carmina cella,
ut dignus uenias hederis et imagine macra.
spes nulla ulterior; didicit iam diues auarus

8 umbra *PGU*: arca *Φ*. *cf. Mart.* ii. 44. 9 11 tripedes *PFG*: tripodes *Φ* 12 alcithoen *GO sicut coni. Rutgersius*: alcitheon *PS*: alcinoen *peioraue Φ* pacci *PS*: bachi *uel* bacchi *Φ* 15 *del. Guyet* 16 gallica *PSGU*: gallia *ΦΣ* 20 uos *PFG*: nos *Φ* 22 expectanda *Φ*: spectanda *P*: experanda *Lond. mus. Brit. Burn.* 192: speranda *Housman*. *'si aliunde magis praesidium speras' Σ*. *cf.* vi. 274 23 croceae . . . tabellae *Φ*: crocea . . . tabellae *P*: crocea . . . tabella *F* 24 impletur *Φ*: implentur *PSΣ* 25 componis *PAGU*: conscribis *Φ* 27 calamum *P Vat. Reg.* 2029: calamos *Φ*. *cf. Mart.* ix. 73. 9

tantum admirari, tantum laudare disertos,
ut pueri Iunonis auem. sed defluit aetas
et pelagi patiens et cassidis atque ligonis.
taedia tunc subeunt animos, tunc seque suamque
Terpsichoren odit facunda et nuda senectus.
accipe nunc artes. ne quid tibi conferat iste,
quem colis et Musarum et Apollinis aede relicta,
ipse facit uersus atque uni cedit Homero
propter mille annos, et si dulcedine famae
succensus recites, maculosas commodat aedes.
haec longe ferrata domus seruire iubetur
in qua sollicitas imitatur ianua portas.
scit dare libertos extrema in parte sedentis
ordinis et magnas comitum disponere uoces;
nemo dabit regum quanti subsellia constant
et quae conducto pendent anabathra tigillo
quaeque reportandis posita est orchestra cathedris.
nos tamen hoc agimus tenuique in puluere sulcos
ducimus et litus sterili uersamus aratro.
nam si discedas, [laqueo tenet ambitiosi
consuetudo mali,] tenet insanabile multos
scribendi cacoethes et aegro in corde senescit.
sed uatem egregium, cui non sit publica uena,
qui nihil expositum soleat deducere, nec qui
communi feriat carmen triuiale moneta,
hunc, qualem nequeo monstrare et sentio tantum,
anxietate carens animus facit, omnis acerbi

36–37 *dist. Madvig* 39 et *P*: at *G Vat.* 3288: ac *U*: aut *Φ* 40 maculosas *Heinrich*: maculosos *F*: maculonus *Φ*: maculonis *PG*. '*alii: sordibus dixit, alii: pictas*' *Σ* 41 haec *PFGZ*: ac *Φ* 50–51 laqueo—mali *del. Housman* 50 ambitiosum *Jahn* 51 *om. L, del. Jahn* 54 nihil *SΦ*: nil *P* 57–172 *exhibet Arou., sed ita ut uersibus* 57–85 *exitus*, 86–114 *initia desint*

inpatiens, cupidus siluarum aptusque bibendis
fontibus Aonidum. neque enim cantare sub antro
Pierio thyrsumque potest contingere maesta
paupertas atque aeris inops, quo nocte dieque
corpus eget: satur est cum dicit Horatius 'euhoe.'
quis locus ingenio, nisi cum se carmine solo
uexant et dominis Cirrhae Nysaeque feruntur
pectora uestra duas non admittentia curas?
magnae mentis opus nec de lodice paranda
attonitae currus et equos faciesque deorum
aspicere et qualis Rutulum confundat Erinys.
nam si Vergilio puer et tolerabile desset
hospitium, caderent omnes a crinibus hydri,
surda nihil gemeret graue bucina. poscimus ut sit
non minor antiquo Rubrenus Lappa coturno,
cuius et alueolos et laenam pignerat Atreus?
non habet infelix Numitor quod mittat amico,
Quintillae quod donet habet, nec defuit illi
unde emeret multa pascendum carne leonem
iam domitum; constat leuiori belua sumptu
nimirum et capiunt plus intestina poetae.
contentus fama iaceat Lucanus in hortis
marmoreis, at Serrano tenuique Saleiio
gloria quantalibet quid erit, si gloria tantum est?
curritur ad uocem iucundam et carmen amicae
Thebaidos, laetam cum fecit Statius urbem
promisitque diem: tanta dulcedine captos
adficit ille animos tantaque libidine uolgi
auditur. sed cum fregit subsellia uersu

60 maesta *PAL*: sana *GHKTUΣ*: saeua *FOZ* 61 quom *Ribbeck. cf.* iii. 37 63 quis *Φ*: qui *PA Arou.* 69 deesset *P Vat. Reg.* 2029: desit *Φ* 73 alueolos *PFG Arou. Sang. Σ*: albiolos *Φ* 80 at *PSG Arou. Σ*: et *Φ* saleio *SFGHOZ*: saleno *P*: salino *AKLTUΣ*

esurit, intactam Paridi nisi uendit Agauen.
ille et militiae multis largitus honorem
semenstri uatum digitos circumligat auro.
quod non dant proceres, dabit histrio. tu Camerinos
et Baream, tu nobilium magna atria curas?
praefectos Pelopea facit, Philomela tribunos.
haut tamen inuideas uati quem pulpita pascunt.
quis tibi Maecenas, quis nunc erit aut Proculeius
aut Fabius, quis Cotta iterum, quis Lentulus alter?
tum par ingenio pretium, tunc utile multis
pallere et uinum toto nescire Decembri.
  uester porro labor fecundior, historiarum
scriptores? perit hic plus temporis atque olei plus.
nullo quippe modo millensima pagina surgit
omnibus et crescit multa damnosa papyro;
sic ingens rerum numerus iubet atque operum lex.
quae tamen inde seges? terrae quis fructus apertae?
quis dabit historico quantum daret acta legenti?
  'sed genus ignauum, quod lecto gaudet et umbra.'
dic igitur quid causidicis ciuilia praestent
officia et magno comites in fasce libelli.
ipsi magna sonant, sed tum cum creditor audit
praecipue, uel si tetigit latus acrior illo
qui uenit ad dubium grandi cum codice nomen.
tunc inmensa caui spirant mendacia folles
conspuiturque sinus; ueram deprendere messem

87 uendit *PΦ Arou.*: uendat *AKOT*. '*nisi . . . uendidisset*' *Σ* 88 largitus *G Vat.* 3286: largitur *PΦ Arou.* 89 semestris *Salmasius* uatum digitos *Φ*: gidos uastum *P Arou.* 91 baream *PSFGHZ Arou.*: bareas *Φ* 93 *del. Markland* 96 tum *P*: tunc *SΦ*: *om. F. cf.* iii. 214 99 perit *PFG Arou.*: petit *Φ* 100 nullo quippe modo *PGLOUZ Arou. Seru. in Aen.* iv. 98: namque oblita modo *A*: namque oblita modi *FHKT* 105 lecto *PFGH Arou.*: tecto *Φ* 106 praestent *PAGU Arou.*: praestant *ΦΣ* 108 tum *PAOU Arou.*: tunc *Φ* 109 *del. Jahn, enarrauit Madvig, Opusc. acad. pp.* 543–4

si libet, hinc centum patrimonia causidicorum,
parte alia solum russati pone Lacertae.
consedere duces, surgis tu pallidus Aiax
dicturus dubia pro libertate bubulco
iudice. rumpe miser tensum iecur, ut tibi lasso
figantur uirides, scalarum gloria, palmae.
quod uocis pretium? siccus petasunculus et uas
pelamydum aut ueteres, Maurorum epimenia, bulbi
aut uinum Tiberi deuectum, quinque lagonae.
si quater egisti, si contigit aureus unus,
inde cadunt partes ex foedere pragmaticorum.
'Aemilio dabitur quantum licet, et melius nos
egimus.' huius enim stat currus aeneus, alti
quadriiuges in uestibulis, atque ipse feroci
bellatore sedens curuatum hastile minatur
eminus et statua meditatur proelia lusca.
sic Pedo conturbat, Matho deficit, exitus hic est
Tongilii, magno cum rhinocerote lauari
qui solet et uexat lutulenta balnea turba
perque forum iuuenes longo premit assere Maedos
empturus pueros, argentum, murrina, uillas;
spondet enim Tyrio stlattaria purpura filo.
[et tamen est illis hoc utile. purpura uendit]
causidicum uendunt amethystina; conuenit illi
et strepitu et facie maioris uiuere census,
sed finem inpensae non seruat prodiga Roma.

114 lacertae *Φ Probus Vallae*: lacernae *PS Arou. et fortasse G* 120 aut *PΦ Arou.*: et *AKLT* maurorum *PA Arou.*: afrorum *Φ* 121 lagonae *PFGH Arou.*: lagoenae *Φ. cf.* v. 29 123 ex *PAGLU Arou.*: in *Φ* 124–5 *dist. Birt* 124 licet *P Arou. et ut uid. T*: libet *GLU*: petet *Φ* 130 tongilii *GOZ sicut coni. Jahn*: tongil•• *P*: tongilli *AHLTU*: tongili *K*: tontigili *F*: tangili *Arou.* 135 *om. U, del. Knoche* 136 illi *P Arou. Mico Sang.*: illis *Φ* 138 *del. Guyet*

fidimus eloquio? Ciceroni nemo ducentos
nunc dederit nummos, nisi fulserit anulus ingens.
respicit haec primum qui litigat, an tibi serui
octo, decem comites, an post te sella, togati
ante pedes. ideo conducta Paulus agebat
sardonyche, atque ideo pluris quam Gallus agebat,
quam Basilus. rara in tenui facundia panno.
quando licet Basilo flentem producere matrem?
quis bene dicentem Basilum ferat? accipiat te
Gallia uel potius nutricula causidicorum
Africa, si placuit mercedem ponere linguae.
  declamare doces? o ferrea pectora Vetti,
cum perimit saeuos classis numerosa tyrannos.
nam quaecumque sedens modo legerat, haec eadem stans
perferet atque eadem cantabit versibus isdem.
occidit miseros crambe repetita magistros.
quis color et quod sit causae genus atque ubi summa
quaestio, quae ueniant diuersa parte sagittae,
nosse uolunt omnes, mercedem soluere nemo.
'mercedem appellas? quid enim scio?' 'culpa docentis
scilicet arguitur, quod laeuae parte mamillae
nil salit Arcadico iuueni, cuius mihi sexta
quaque die miserum dirus caput Hannibal inplet,

139 fidimus eloquio *PG Arou. Prisc. G.L.K.* iii. 329: ut redeant ueteres *Φ*. *cf. Mart.* xi. 5. 5 142 post te *PGL*: poste *Arou. Sang.*: posite *FH*: posita *Φ* 144 gallus *PFGHU Arou.*: cossus *Φ*. *cf.* viii. 21 146 producere *PAGTU Arou.*: deducere *Φ* 149–98 *laceros exhibet Ant.* 149 ponere *P Arou.*: inponere *Φ Ant.*: poscere *Buecheler. cf.* viii. 246 151 cui *Jahn* 153 isdem *PΦ Ant. Arou.*: idem *AGU sicut coni. Jahn* 154 crambe *G sicut coni. Politianus*: grambe *FH*: cambre *Φ Ant.*: crambre *P Arou.* 156 diuersa *AGLOU Ant.*: diuersa e *uel* diversae *PFHKTZ Arou.* parte *Φ*: forte *P Arou.*: fronte *Vat.* 3286 *Ant. cf.* xiii. 136 157 uolunt *Φ Ant.*: uelunt *P Arou.*: uelint *Pithoeus* 159 leue *P Arou.*: laeua *AFGHU schol. Pers.* ii. 53: laeua in *KLOTZ*

quidquid id est de quo deliberat, an petat urbem
a Cannis, an post nimbos et fulmina cautus
circumagat madidas a tempestate cohortes.
quantum uis stipulare et protinus accipe: quid do
ut totiens illum pater audiat?' haec alii sex
uel plures uno conclamant ore sophistae
et ueras agitant lites raptore relicto;
fusa uenena silent, malus ingratusque maritus
et quae iam ueteres sanant mortaria caecos.
ergo sibi dabit ipse rudem, si nostra mouebunt
consilia, et uitae diuersum iter ingredietur
ad pugnam qui rhetorica descendit ab umbra,
summula ne pereat qua uilis tessera uenit
frumenti; quippe haec merces lautissima. tempta
Chrysogonus quanti doceat uel Pollio quanti
lautorum pueros, artem scindes Theodori.
balnea sescentis et pluris porticus in qua
gestetur dominus quotiens pluit: anne serenum
expectet spargatque luto iumenta recenti?
hic potius, namque hic mundae nitet ungula mulae.
parte alia longis Numidarum fulta columnis
surgat et algentem rapiat cenatio solem.
quanticumque domus, ueniet qui fercula docte
conponit, ueniet qui pulmentaria condit.
hos inter sumptus sestertia Quintiliano,
ut multum, duo sufficient: res nulla minoris
constabit patri quam filius. 'unde igitur tot
Quintilianus habet saltus?' exempla nouorum

166 haec *PGU Ant. Arou.*: ast haec *FH*: ast *Φ* 167 uel *PS Arou.*: ut *H et ut uid. T*: et *Φ* 177 scindes *Leid. Voss.* 64, *Monac.* 14466 *sicut coni. Jahn*: scindens *PSΦ Ant. Mico Sang. Σ. cf. Pers.* i. 17 180 spargatue *Heinrich* 181 *om. Laur.* 34. 39, *del. Heinrich* 185 conponit *GT Ant.*: conponat *PΦ* condit *PΦ Ant.*: condat *LOU*: condet *H Vat. Vrb.* 342. *cf.* ix. 146, xi. 26

fatorum transi. felix et pulcher et acer,
felix et sapiens et nobilis et generosus
adpositam nigrae lunam subtexit alutae,
felix orator quoque maximus et iaculator
et, si perfrixit, cantat bene. distat enim quae
sidera te excipiant modo primos incipientem
edere uagitus et adhuc a matre rubentem.
si Fortuna uolet, fies de rhetore consul;
si uolet haec eadem, fiet de consule rhetor.
Ventidius quid enim? quid Tullius? anne aliud quam
sidus et occulti miranda potentia fati?
seruis regna dabunt, captiuis fata triumphum.
felix ille tamen coruo quoque rarior albo.
paenituit multos uanae sterilisque cathedrae,
sicut Tharsimachi probat exitus atque Secundi
Carrinatis; et hunc inopem uidistis, Athenae,
nil praeter gelidas ausae conferre cicutas.
di maiorum umbris tenuem et sine pondere terram
spirantisque crocos et in urna perpetuum uer,
qui praeceptorem sancti uoluere parentis
esse loco. metuens uirgae iam grandis Achilles
cantabat patriis in montibus et cui non tunc
eliceret risum citharoedi cauda magistri;
sed Rufum atque alios caedit sua quemque iuuentus,
Rufum, quem totiens Ciceronem Allobroga dixit.
  quis gremio Celadi doctique Palaemonis adfert
quantum grammaticus meruit labor? et tamen ex hoc,
quodcumque est (minus est autem quam rhetoris aera),

192 *del. Jahn. in Ant. supra infraque initium huius uersus notata est diple obelismene* 197–8 fies—uolet *om. Z* 197 fies *Φ Ant. Sang.*: fiet *P Paris.* 7647 *et* 17903 198 fiet *P Paris.* 7647 *et* 17903: fies *Φ Ant. uersum om. KL* 204 tharsimachi *P sicut coni. Ritschl*: t s *S*: thresimachi *Φ*: lisimachi *FH. uersum om. T* 214 quem *PGU Sang. Σ*: qui *Φ* 215 celadi *PGU*: enceladi *Φ Sang.*

disciputli custos praemordet acoenonoetus
et qui dispensat frangit sibi. cede, Palaemon,
et patere inde aliquid decrescere, non aliter quam
institor hibernae tegetis niueique cadurci,
dummodo non pereat mediae quod noctis ab hora
sedisti, qua nemo faber, qua nemo sederet
qui docet obliquo lanam deducere ferro,
dummodo non pereat totidem olfecisse lucernas
quot stabant pueri, cum totus decolor esset
Flaccus et haereret nigro fuligo Maroni.
rara tamen merces quae cognitione tribuni
non egeat. sed uos saeuas inponite leges,
ut praeceptori uerborum regula constet,
ut legat historias, auctores nouerit omnes
tamquam ungues digitosque suos, ut forte rogatus,
dum petit aut thermas aut Phoebi balnea, dicat
nutricem Anchisae, nomen patriamque nouercae
Anchemoli, dicat quot Acestes uixerit annis,
quot Siculi Phrygibus uini donauerit urnas.
exigite ut mores teneros ceu pollice ducat,
ut si quis cera uoltum facit; exigite ut sit
et pater ipsius coetus, ne turpia ludant,
ne faciant uicibus. non est leue tot puerorum
obseruare manus oculosque in fine trementis.
'haec' inquit 'cura; sed cum se uerterit annus,
accipe, uictori populus quod postulat, aurum.'

218 acoenonoetus *P Vat. Reg.* 2029: acoenonoetos *G*: acoenonetos *U sicut coni. Grangaeus*: acoeneteus *O*: acoenetus *FHKTZ*: acoenetus ipse *AL*. '*communi carens sensu*' *Σ*. *cf. Corp. Gloss. Lat.* vi. 18 219 frangit *FGHUZΣ*: frangat *PA*: franget *KLOT* 223 sederet *P*: sedebit *FGHU*: sedebat *Φ* 235 anchemoli *Vat. Reg.* 2029: anchemori *GKU*: archemoli *Paris.* 7906: archemori *PSΦ* annis *PA*: annus *FH*: annos *Φ*. *cf.* x. 239, xi. 206 236 siculi *PGL sicut coni. C. Valesius*: siculis *U Lond. mus. Brit. Reg.* 15 *B* XVIII: siculus *Φ* 240–1 '*hi duo uersiculi Iuuenalis non sunt*' *Valla* 242 cura sed *G*: cura *F*: curas et *PΦ*. *uersum om. Z*

SATVRA VIII

Stemmata quid faciunt? quid prodest, Pontice, longo
sanguine censeri, pictos ostendere uultus
maiorum et stantis in curribus Aemilianos
et Curios iam dimidios umeroque minorem
Coruinum et Galbam auriculis nasoque carentem,
[quis fructus generis tabula iactare capaci
Coruinum, posthac multa contingere uirga
fumosos equitum cum dictatore magistros,]
si coram Lepidis male uiuitur? effigies quo
tot bellatorum, si luditur alea pernox
ante Numantinos, si dormire incipis ortu
luciferi, quo signa duces et castra mouebant?
cur Allobrogicis et magna gaudeat ara
natus in Herculeo Fabius lare, si cupidus, si
uanus et Euganea quantumuis mollior agna,
si tenerum attritus Catinensi pumice lumbum
squalentis traducit auos emptorque ueneni
frangenda miseram funestat imagine gentem?
tota licet ueteres exornent undique cerae
atria, nobilitas sola est atque unica uirtus.
Paulus uel Cossus uel Drusus moribus esto,
hos ante effigies maiorum pone tuorum,
praecedant ipsas illi te consule uirgas.
prima mihi debes animi bona. sanctus haberi
iustitiaeque tenax factis dictisque mereris?
agnosco procerem; salue Gaetulice, seu tu
Silanus: quocumque alto de sanguine rarus

4 humeroque *Dresd.* 155: umerosque *P*: nasumque *Φ* 5–6 *om. G*, *del. Hermann* 5 coruinum *P Dresd.* 155: coruini *Φ* 6–8 *del. Guyet* 7 *habent PG*, *om. Φ* coruinum *P*: coruini *G* 8 fumosos *PFG*: famosos *Φ* 11 ortu *PGΣ*: ortus *Φ* 17 traducit *PSAGUΣ*: producit *FHLOZ*: producat *KT* 27 alto *Richards*: alio *PΦ*

ciuis et egregius patriae contingis ouanti,
exclamare libet populus quod clamat Osiri
inuento. quis enim generosum dixerit hunc qui
indignus genere et praeclaro nomine tantum
insignis? nanum cuiusdam Atlanta uocamus,
Aethiopem Cycnum, prauam extortamque puellam
Europen; canibus pigris scabieque uetusta
leuibus et siccae lambentibus ora lucernae
nomen erit pardus, tigris, leo, si quid adhuc est
quod fremat in terris uiolentius. ergo cauebis
et metues ne tu sic Creticus aut Camerinus.
his ego quem monui? tecum est mihi sermo, Rubelli
Blande. tumes alto Drusorum stemmate, tamquam
feceris ipse aliquid propter quod nobilis esses,
ut te conciperet quae sanguine fulget Iuli,
non quae uentoso conducta sub aggere texit.
'uos humiles' inquis 'uolgi pars ultima nostri,
quorum nemo queat patriam monstrare parentis,
ast ego Cecropides.' uiuas et originis huius
gaudia longa feras. tamen ima plebe Quiritem
facundum inuenies, solet hic defendere causas
nobilis indocti; ueniet de plebe togata
qui iuris nodos et legum aenigmata soluat;
hinc petit Euphraten iuuenis domitique Bataui
custodes aquilas armis industrius; at tu
nil nisi Cecropides truncoque simillimus Hermae.
nullo quippe alio uincis discrimine quam quod
illi marmoreum caput est, tua uiuit imago.
dic mihi, Teucrorum proles, animalia muta

33 prauam *Φ et* (ra *in ras.* P^{2}) *P*: paruam *ALO* 37 fremat *PΦ*: fremit *ALT* 38 sic *Lond. mus. Brit. Add.* 11997 *sicut coni. H. Iunius*: si *P*: sis *Φ* 40 stemmate *PAFGHU*: sanguine *KLOTZ* 44 inquis *AKLO*: inquit *PΦ* 49 plebe *PSAGLU*: gente *Φ*: pube *Housman. cf.* 254, 256 togatus *Scriverius* 51 hinc *GU sicut coni. Weidner*: hic *PSΦ*

quis generosa putet nisi fortia. nempe uolucrem
sic laudamus equum, facili cui plurima palma
feruet et exultat rauco uictoria circo;
nobilis hic, quocumque uenit de gramine, cuius
clara fuga ante alios et primus in aequore puluis.
sed uenale pecus Coryphaei posteritas et
Hirpini, si rara iugo uictoria sedit.
nil ibi maiorum respectus, gratia nulla
umbrarum; dominos pretiis mutare iubentur
exiguis, trito et ducunt epiraedia collo
segnipedes dignique molam uersare nepotes.
ergo ut miremur te, non tua, primum aliquid da
quod possim titulis incidere praeter honores
quos illis damus ac dedimus, quibus omnia debes.
haec satis ad iuuenem quem nobis fama superbum
tradit et inflatum plenumque Nerone propinquo;
rarus enim ferme sensus communis in illa
fortuna. sed te censeri laude tuorum,
Pontice, noluerim sic ut nihil ipse futurae
laudis agas. miserum est aliorum incumbere famae,
ne conlapsa ruant subductis tecta columnis;
stratus humi palmes uiduas desiderat ulmos.
esto bonus miles, tutor bonus, arbiter idem
integer; ambiguae si quando citabere testis
incertaeque rei, Phalaris licet imperet ut sis
falsus et admoto dictet periuria tauro,
summum crede nefas animam praeferre pudori
et propter uitam uiuendi perdere causas.
dignus morte perit, cenet licet ostrea centum

57 putet *PAFL*: putat *Φ* 60 '*sunt qui legant* germine' *Valla* 62 coryphaei *GU²Σ*: cor•••••i *U*: cory••• *P*: corythae *Φ* 66 trito et *Goth.* 2.52, *Laur.* 34.34: et trito *P Sang*: trito *AGU*: tritoque *Φ* 67 nepotes *PFGHU Sang.*: nepotis *Φ* 68 priuum *Salmasius* 78 desiderat *PΦ Sang.*: desideret *FGHU sicut coni. Beer*

Gaurana et Cosmi toto mergatur aeno.
expectata diu tandem prouincia cum te
rectorem accipiet, pone irae frena modumque,
pone et auaritiae, miserere inopum sociorum:
ossa uides rerum uacuis exucta medullis.
respice quid moneant leges, quid curia mandet,
praemia quanta bonos maneant, quam fulmine iusto
et Capito et Tutor ruerint damnante senatu,
piratae Cilicum. sed quid damnatio confert?
praeconem, Chaerippe, tuis circumspice pannis,
cum Pansa eripiat quidquid tibi Natta reliquit,
iamque tace; furor est post omnia perdere naulum.
non idem gemitus olim neque uulnus erat par
damnorum sociis florentibus et modo uictis.
plena domus tunc omnis, et ingens stabat aceruos
nummorum, Spartana chlamys, conchylia Coa,
et cum Parrhasii tabulis signisque Myronis
Phidiacum uiuebat ebur, nec non Polycliti
multus ubique labor, rarae sine Mentore mensae.
inde Dolabella atque †hinc† Antonius, inde
sacrilegus Verres referebant nauibus altis
occulta spolia et plures de pace triumphos.
nunc sociis iuga pauca boum, grex paruus equarum,
et pater armenti capto eripietur agello,
ipsi deinde Lares, si quod spectabile signum.
[si quis in aedicula deus unicus; haec etenim sunt
pro summis, nam sunt haec maxima. despicias tu]
forsitan inbellis Rhodios unctamque Corinthon
despicias merito: quid resinata iuuentus

88 accipiet *Φ*: accipiat *PAF Sang.* 90 rerum *PFGHU*: regum *Φ* 93 tutor *ΦΣ*: numitor *PS Mico ex Verg. Aen.* vi. 768. *cf.* 182, 221 98 neque *PAF*: nec *SΦ* 105 Dolabellae *Ruperti* hinc atque hinc *Weidner* 111–12 *del. Manso*

cruraque totius facient tibi leuia gentis?
horrida uitanda est Hispania, Gallicus axis
Illyricumque latus; parce et messoribus illis
qui saturant urbem circo scenaeque uacantem;
quanta autem inde feres tam dirae praemia culpae,
cum tenuis nuper Marius discinxerit Afros?
curandum in primis ne magna iniuria fiat
fortibus et miseris. tollas licet omne quod usquam est
auri atque argenti, scutum gladiumque relinques.
[et iaculum et galeam; spoliatis arma supersunt.]
quod modo proposui, non est sententia, uerum est;
credite me uobis folium recitare Sibyllae.
si tibi sancta cohors comitum, si nemo tribunal
uendit acersecomes, si nullum in coniuge crimen
nec per conuentus et cuncta per oppida curuis
unguibus ire parat nummos raptura Celaeno,
tum licet a Pico numeres genus, altaque si te
nomina delectant omnem Titanida pugnam
inter maiores ipsumque Promethea ponas.
[de quocumque uoles proauom tibi sumito libro.]
quod si praecipitem rapit ambitio atque libido,
si frangis uirgas sociorum in sanguine, si te
delectant hebetes lasso lictore secures,
incipit ipsorum contra te stare parentum
nobilitas claramque facem praeferre pudendis.
omne animi uitium tanto conspectius in se
crimen habet, quanto maior qui peccat habetur.

119–21 *del. Jachmann* 123–4 scutum—galeam *del. Hermann* 123 relinques *Φ*: relinquas *PST* 124 *del. Lachmann, non interpretatur Σ* iaculum *P Vat.* 3286: iacula *Φ* 125 uerum est *PFGHUZ*: uerum *AKLOT* 131 tum *KLOTZ*: tu *PSAFGHU*: tunc *Vat. Pal.* 1701, *Vat. Reg.* 2029. *cf. Pers.* iv. 37 133 ponas *PAL Sang.*: pingas *Φ* 134 *del. Ribbeck* 135 ambitio *PG Sang.*: ambitus *Φ*

quo mihi te, solitum falsas signare tabellas
in templis quae fecit auus statuamque parentis
ante triumphalem? quo, si nocturnus adulter
tempora Santonico uelas adoperta cucullo?
    praeter maiorum cineres atque ossa uolucri
carpento rapitur pinguis Lateranus, et ipse,
ipse rotam adstringit sufflamine mulio consul,
nocte quidem, sed Luna uidet, sed sidera testes
intendunt oculos. finitum tempus honoris
cum fuerit, clara Lateranus luce flagellum
sumet et occursum numquam trepidabit amici
iam senis ac uirga prior adnuet atque maniplos
soluet et infundet iumentis hordea lassis.
interea, dum lanatas robumque iuuencum
more Numae caedit, Iouis ante altaria iurat
solam Eponam et facies olida ad praesepia pictas.
sed cum peruigiles placet instaurare popinas,
obuius adsiduo Syrophoenix udus amomo
currit, Idymaeae Syrophoenix incola portae,
hospitis adfectu dominum regemque salutans
et cum uenali Cyane succincta lagona.
defensor culpae dicet mihi 'fecimus et nos
haec iuuenes.' esto, desisti nempe nec ultra
fouisti errorem. breue sit quod turpiter audes,

147 lateranus *PSGU*: damasippus *ΦΣ ex* 185   148 sufflamine mulio *GU Valent.* 410 *Sang. et ut uid. P*: sufflamine multo *Laur.* 34. 40, *Lond. mus. Brit. Burn.* 192: multo sufflamine ΦP^{2}. mulio consul *testatur G.L.K.* vi. 231, mulio *Σ ad* 156   151 lateranus *PGU*: damasippus *Φ*   152 numquam *PAGU*: nusquam *Φ*   155 robumque *PS Sang. Σ*: rubumque *GU*: probumque *FH*: toruumque *Φ*   159–60 syrophoenix—idymaeae *om. F, del. Hermann*   159 udus *Φ*: unctus *A Vat. Reg.* 2029 *et* (unc *in ras.*) *P*   160 *om. A Leid. Voss.* 18, *del. Jahn*   161 salutans *praeeunte Housman Leo*: salutat *PΦ*   162 lagona *PGU*: lagoena *Φ. cf.* v. 29   163 dicet *GT et* (et *in ras.*) *P*: dicit *Φ*

quaedam cum prima resecentur crimina barba.
indulge ueniam pueris: Lateranus ad illos
thermarum calices inscriptaque lintea uadit
maturus bello Armeniae Syriaeque tuendis
amnibus et Rheno atque Histro. praestare Neronem
securum ualet haec aetas. mitte Ostia, Caesar,
mitte, sed in magna legatum quaere popina:
inuenies aliquo cum percussore iacentem,
permixtum nautis et furibus ac fugitiuis,
inter carnifices et fabros sandapilarum
et resupinati cessantia tympana galli.
aequa ibi libertas, communia pocula, lectus
non alius cuiquam, nec mensa remotior ulli.
quid facias talem sortitus, Pontice, seruum?
nempe in Lucanos aut Tusca ergastula mittas.
at uos, Troiugenae, uobis ignoscitis et quae
turpia cerdoni Volesos Brutumque decebunt.
  quid si numquam adeo foedis adeoque pudendis
utimur exemplis, ut non peiora supersint?
consumptis opibus uocem, Damasippe, locasti
sipario, clamosum ageres ut Phasma Catulli.
Laureolum uelox etiam bene Lentulus egit,
iudice me dignus uera cruce. nec tamen ipsi
ignoscas populo; populi frons durior huius,
qui sedet et spectat triscurria patriciorum,
planipedes audit Fabios, ridere potest qui
Mamercorum alapas. quanti sua funera uendant
quid refert? uendunt nullo cogente Nerone,

166 resecentur *PAGLOU*: resecantur *FHKTZ*   167 lateranus *PSGU*: damasippus *Φ*. '*siue* Damasippus' *Σ*   174 et . . . ac *PAGU Sang.*: aut . . aut *Φ*   175 sandapilarum *et* sandaliorum *et* sardanapallos *agnoscit Σ*   182 uolesos *Φ*: uolusos *O Vat. Reg.* 2029: uolsos *P*   brutumque *Φ*: rutulumque *GU*: rut•umque *P*. *cf. Verg. Aen.* xi. 463–4

nec dubitant celsi praetoris uendere ludis.
finge tamen gladios inde atque hinc pulpita poni,
quid satius? mortem sic quisquam exhorruit, ut sit
zelotypus Thymeles, stupidi collega Corinthi?
res haut mira tamen citharoedo principe mimus
nobilis. haec ultra quid erit nisi ludus? et illic
dedecus urbis habes, nec murmillonis in armis
nec clipeo Gracchum pugnantem aut falce supina;
damnat enim talis habitus [sed damnat et odit,
nec galea faciem abscondit]: mouet ecce tridentem.
postquam uibrata pendentia retia dextra
nequiquam effudit, nudum ad spectacula uoltum
erigit et tota fugit agnoscendus harena.
credamus tunicae, de faucibus aurea cum se
porrigat et longo iactetur spira galero.
ergo ignominiam grauiorem pertulit omni
uolnere cum Graccho iussus pugnare secutor.
 libera si dentur populo suffragia, quis tam
perditus ut dubitet Senecam praeferre Neroni?
cuius supplicio non debuit una parari
simia nec serpens unus nec culleus unus.
par Agamemnonidae crimen, sed causa facit rem
dissimilem. quippe ille deis auctoribus ultor
patris erat caesi media inter pocula, sed nec
Electrae iugulo se polluit aut Spartani
sanguine coniugii, nullis aconita propinquis
miscuit, in scena numquam cantauit Orestes,
Troica non scripsit. quid enim Verginius armis

194 *del. Ruperti* 195 poni *P sicut coni. Sterke*: pone *Φ*: ponunt *FH* 196 sic *O Vat. Pal.* 1701*Σ*: si *PΦ* 198 mimus *GUΣ et* (imu *in ras.*) *P*: natus *Φ* 201 pugnantem aut *PSAGU Sang.*: aut pugnantem *Φ* 202–3 sed—abscondit *del. Hermann* 202 sed *PAGU*: et *Φ* 203 faciem *PAGU*: frontem *Φ* 220 Oresten *Weidner* 221 uerginius *KLOZ*: uirginius *AGTU*: uirgilius *PSFH*

debuit ulcisci magis aut cum Vindice Galba,
quod Nero tam saeua crudaque tyrannide fecit?
haec opera atque hae sunt generosi principis artes,
gaudentis foedo peregrina ad pulpita cantu
prostitui Graiaeque apium meruisse coronae.
maiorum effigies habeant insignia uocis,
ante pedes Domiti longum tu pone Thyestae
syrma uel Antigones seu personam Melanippes,
et de marmoreo citharam suspende colosso.
  quid, Catilina, tuis natalibus atque Cethegi
inueniet quisquam sublimius? arma tamen uos
nocturna et flammas domibus templisque paratis,
ut bracatorum pueri Senonumque minores,
ausi quod liceat tunica punire molesta.
sed uigilat consul uexillaque uestra coercet.
hic nouus Arpinas, ignobilis et modo Romae
municipalis eques, galeatum ponit ubique
praesidium attonitis et in omni monte laborat.
tantum igitur muros intra toga contulit illi
nominis ac tituli, quantum †in† Leucade, quantum
Thessaliae campis Octauius abstulit udo
caedibus adsiduis gladio; sed Roma parentem,
Roma patrem patriae Ciceronem libera dixit.
Arpinas alius Volscorum in monte solebat
poscere mercedes alieno lassus aratro;
nodosam post haec frangebat uertice uitem,

223 *in dubium uocauit Housman* quod *Vat. Vrb.* 342 *man.* 2 *sicut coni. Peyrared*: quid *PΦ* 224 hae sunt *PAG*: haec sunt *U Vat.* 3192: illae sunt *FH*: illae *KLOTZ* 225 cantu *PGU Prisc. G.L.K.* ii. 419: saltu *Φ* 229 antigones *Φ*: antigonae *P Mico* seu *Vat.* 3192, *Vat.* 3286 *sicut coni. Jahn*: *om. P Mico*: tu *Φ*: aut *Hermann* melanippes *H Vat.* 3286: menalippes *Φ*: menalippis *GU*: menalippi *PF Mico Σ* 233 paratis *P Lond. mus. Brit. Reg.* 15 *B* XII: parastis *Φ* 239 monte *PSFGHΣ*: mente *U Lond. mus. Brit. Add.* 30861: gente *Φ*. '*legitur et* ponte *propter Muluium*' *Σ* 241 in *PSGU*: non *Φ*: sibi *Jahn*. '*sub Leucade*' *Σ*

si lentus pigra muniret castra dolabra.
hic tamen et Cimbros et summa pericula rerum
excipit et solus trepidantem protegit urbem,
atque ideo, postquam ad Cimbros stragemque uolabant
qui numquam attigerant maiora cadauera corui,
nobilis ornatur lauro collega secunda.
plebeiae Deciorum animae, plebeia fuerunt
nomina; pro totis legionibus hi tamen et pro
omnibus auxiliis atque omni pube Latina
sufficiunt dis infernis Terraeque parenti.
[pluris enim Decii quam quae seruantur ab illis.]
ancilla natus trabeam et diadema Quirini
et fascis meruit, regum ultimus ille bonorum.
prodita laxabant portarum claustra tyrannis
exulibus iuuenes ipsius consulis et quos
magnum aliquid dubia pro libertate deceret,
quod miraretur cum Coclite Mucius et quae
imperii finis Tiberinum uirgo natauit.
occulta ad patres produxit crimina seruus
matronis lugendus, at illos uerbera iustis
adficiunt poenis et legum prima securis.
  malo pater tibi sit Thersites, dummodo tu sis
Aeacidae similis Volcaniaque arma capessas,
quam te Thersitae similem producat Achilles.
et tamen, ut longe repetas longeque reuoluas
nomen, ab infami gentem deducis asylo;
maiorum primus, quisquis fuit ille, tuorum
aut pastor fuit aut illud quod dicere nolo.

256 pube *PSAGU*: plebe *Φ*   258 *del. Markland et Dobree*
266 produxit *P Lond. mus. Brit. Reg.* 15 *B* XII: eduxit *Φ*: conduxit *A Vat.* 2810

SATVRA IX

SCIRE uelim quare totiens mihi, Naeuole, tristis
occurras fronte obducta ceu Marsya uictus.
quid tibi cum uultu, qualem deprensus habebat
Rauola dum Rhodopes uda terit inguina barba?
[nos colaphum incutimus lambenti crustula seruo.]
non erit hac facie miserabilior Crepereius
Pollio, qui triplicem usuram praestare paratus
circumit et fatuos non inuenit. unde repente
tot rugae? certe modico contentus agebas
uernam equitem, conuiua ioco mordente facetus
et salibus uehemens intra pomeria natis.
omnia nunc contra, uultus grauis, horrida siccae
silua comae, nullus tota nitor in cute, qualem
Bruttia praestabat calidi tibi fascia uisci,
sed fruticante pilo neglecta et squalida crura.
quid macies aegri ueteris, quem tempore longo
torret quarta dies olimque domestica febris?
deprendas animi tormenta latentis in aegro
corpore, deprendas et gaudia; sumit utrumque
inde habitum facies. igitur flexisse uideris
propositum et uitae contrarius ire priori.
nuper enim, ut repeto, fanum Isidis et Ganymedem
Pacis et aduectae secreta Palatia matris
et Cererem (nam quo non prostat femina templo?)
notior Aufidio moechus celebrare solebas,
quodque taces, ipsos etiam inclinare maritos.

5 *del. Guyet, agnoscit Seru. in Georg.* iii. 360, *in Aen.* vii 115   6 erit *PAGU*: erat *SΦ*   14 *et post* 13 *et post* 11 *scriptum exhibent GU*   bruttia praestabat calida tibi *GU post* 11: brustia prestabat calidi circum *P*: praestabat calidi circumlita *Φ et GU post* 13   25 celebrare *Φ*: scelerare *P*   26 quodque taces *PSFGHO*: quodque taceo *U*: quod taceo atque *AKLTZ*

'utile et hoc multis uitae genus, at mihi nullum
inde operae pretium. pingues aliquando lacernas,
munimenta togae, duri crassique coloris
et male percussas textoris pectine Galli
accipimus, tenue argentum uenaeque secundae.
fata regunt homines, fatum est et partibus illis
quas sinus abscondit. nam si tibi sidera cessant,
nil faciet longi mensura incognita nerui,
quamuis te nudum spumanti Virro labello
uiderit et blandae adsidue densaeque tabellae
sollicitent, *αὐτὸς γὰρ ἐφέλκεται ἄνδρα κίναιδος*.
quod tamen ulterius monstrum quam mollis auarus?
"haec tribui, deinde illa dedi, mox plura tulisti."
computat et ceuet. ponatur calculus, adsint
cum tabula pueri; numera sestertia quinque
omnibus in rebus, numerentur deinde labores.
an facile et pronum est agere intra uiscera penem
legitimum atque illic hesternae occurrere cenae?
seruus erit minus ille miser qui foderit agrum
quam dominum. sed tu sane tenerum et puerum te
et pulchrum et dignum cyatho caeloque putabas.
uos humili adseculae, uos indulgebitis umquam
cultori, iam nec morbo donare parati?
en cui tu uiridem umbellam, cui sucina mittas
grandia, natalis quotiens redit aut madidum uer
incipit et strata positus longaque cathedra
munera femineis tractat secreta kalendis.

33 cessant *PGHUZΣ*: cessent *Φ* 37 *uocabula Graeca, ut fere fit, uarie deprauata sunt* 40–150 *deficit F* 40 et ceuet *GU et ut uid. SΣ*: atque ceuet *Vat. Pal.* 1703: atque cauet *Φ et in ras. P*[2] 43–44 *om. Vat. Pal.* 1703. *'bi duo immundi et impudici uersus Iuuenalis non sunt' Valla* 46 quam *PGTU*: non *ΦΣ* tenerum *PSAGT*: tener *Φ* 53 tractat *PG Seru. in Aen.* viii. 638: tractas *Φ*

dic, passer, cui tot montis, tot praedia seruas
Apula, tot miluos intra tua pascua lassas?
te Trifolinus ager fecundis uitibus implet
suspectumque iugum Cumis et Gaurus inanis—
nam quis plura linit uicturo dolia musto?—
quantum erat exhausti lumbos donare clientis
iugeribus paucis! meliusne hic rusticus infans
cum matre et casulis et conlusore catello
cymbala pulsantis legatum fiet amici?
"improbus es cum poscis" ait. sed pensio clamat
"posce," sed appellat puer unicus ut Polyphemi
lata acies per quam sollers euasit Vlixes.
alter emendus erit, namque hic non sufficit, ambo
pascendi. quid agam bruma spirante? quid, oro,
quid dicam scapulis puerorum aquilone Decembri
et pedibus? "durate atque expectate cicadas"?
uerum, ut dissimules, ut mittas cetera, quanto
metiris pretio quod, ni tibi deditus essem
deuotusque cliens, uxor tua uirgo maneret?
scis certe quibus ista modis, quam saepe rogaris
et quae pollicitus. fugientem saepe puellam
amplexu rapui; tabulas quoque ruperat et iam
signabat; tota uix hoc ego nocte redemi
te plorante foris. testis mihi lectulus et tu,
ad quem peruenit lecti sonus et dominae uox.
instabile ac dirimi coeptum et iam paene solutum
coniugium in multis domibus seruauit adulter.
quo te circumagas? quae prima aut ultima ponas?

54 tot praedia *PAGLU*: cui praedia *HKOTZ* 55 lassas *GU sicut coni. Haupt*: lassos *PSΦΣ* 60 ne hic *PΦ*: nec hic *AL*: nunc *Housman* 62 legatum *PGHTΣ*: legatus *Φ* 63 es *Φ*: est *PAL et ut uid. G* poscis *PGOU*: poscit *Φ* ait *PAGLOZ*: ais *HKTU* 68 puerorum *PA*: seruorum *Φ* aquilone *PAGU*: mense *Φ* 74 nempe *Housman* 79–80 *del. Pinzger*

nullum ergo meritum est, ingrate ac perfide, nullum
quod tibi filiolus uel filia nascitur ex me?
tollis enim et libris actorum spargere gaudes
argumenta uiri. foribus suspende coronas:
iam pater es, dedimus quod famae opponere possis.
iura parentis habes, propter me scriberis heres,
legatum omne capis nec non et dulce caducum.
commoda praeterea iungentur multa caducis,
si numerum, si tres impleuero.' iusta doloris,
Naeuole, causa tui; contra tamen ille quid adfert?
'neglegit atque alium bipedem sibi quaerit asellum.
haec soli commissa tibi celare memento
et tacitus nostras intra te fige querellas;
nam res mortifera est inimicus pumice leuis.
qui modo secretum commiserat, ardet et odit,
tamquam prodiderim quidquid scio. sumere ferrum,
fuste aperire caput, candelam adponere ualuis
non dubitat. nec contemnas aut despicias quod
his opibus numquam cara est annona ueneni.
ergo occulta teges ut curia Martis Athenis.'
o Corydon, Corydon, secretum diuitis ullum
esse putas? serui ut taceant, iumenta loquentur
et canis et postes et marmora. claude fenestras,
uela tegant rimas, iunge ostia, tollite lumen,
e medio fac eant omnes, prope nemo recumbat;
quod tamen ad cantum galli facit ille secundi
proximus ante diem caupo sciet, audiet et quae
finxerunt pariter libarius, archimagiri,

84 titulis *Seru. in Georg.* ii. 502 actorum *PSAHLΣ Seru. ibid.*: astorum *U*: fastorum *G*: auctorum *KOTZ* 89 iungentur *PGU*: iunguntur *Φ* 100 cara est *PGΣ*: caras *U*: careas *Φ* 103 loquentur *Φ et* (e *in ras.* P^2) *P*: loquuntur *Valent.* 410, *Vat.* 3288 105 tollite *PAKOTZ Sang.*: tollito *GHU*: *om. L* 106 face eant *Haupt*: taceant *P*: clament *Φ* 109 libarius *nescio quis apud G. Plathner*: librarius *PΦ Mico. cf.* iii. 187

carptores. quod enim dubitant componere crimen
in dominos, quotiens rumoribus ulciscuntur
baltea? nec derit qui te per compita quaerat
nolentem et miseram uinosus inebriet aurem.
illos ergo roges quidquid paulo ante petebas
a nobis, taceant illi. sed prodere malunt
arcanum quam subrepti potare Falerni
pro populo faciens quantum Saufeia bibebat.
uiuendum recte, cum propter plurima, tum est his
[idcirco ut possis linguam contemnere serui]
praecipue causis, ut linguas mancipiorum
contemnas; nam lingua mali pars pessima serui.
[deterior tamen hic qui liber non erit illis
quorum animas et farre suo custodit et aere.]
'utile consilium modo, sed commune, dedisti.
nunc mihi quid suades post damnum temporis et spes
deceptas? festinat enim decurrere uelox
flosculus angustae miseraeque breuissima uitae
portio; dum bibimus, dum serta, unguenta, puellas
poscimus, obrepit non intellecta senectus.'
ne trepida, numquam pathicus tibi derit amicus
stantibus et saluis his collibus; undique ad illos
conuenient et carpentis et nauibus omnes
qui digito scalpunt uno caput. altera maior
spes superest, tu tantum erucis inprime dentem.
[gratus eris, tu tantum erucis inprime dentem.] 134 A
'haec exempla para felicibus; at mea Clotho
et Lachesis gaudent, si pascitur inguine uenter.

117 saufeia *PGU*: laufeia *peioraue Φ*. *cf.* vi. 320 118 recte *Φ*: recte est *PA* tum est his *Housman*: tunc est *PA*: tunc *GU*: tunc his *Φ* 119 *post* 118 *ponunt PA*, *post* 123 *Φ*, *om. Vat. Ottob.* 2885, *Vat. Pal.* 1700, *del.* *Pithoeus* 122–3 *del.* Pinzger 121 nam *Φ*: nec *P* 132 conuenient *PAΣ*: conueniunt *Φ* 134 A *habent PA*, *om. Φ*

o parui nostrique Lares, quos ture minuto
aut farre et tenui soleo exorare corona,
quando ego figam aliquid quo sit mihi tuta senectus
a tegete et baculo? uiginti milia fenus
pigneribus positis, argenti uascula puri,
sed quae Fabricius censor notet, et duo fortes
de grege Moesorum, qui me ceruice locata
securum iubeant clamoso insistere circo;
sit mihi praeterea curuus caelator, et alter
qui multas facies pingit cito; sufficiunt haec.
quando ego pauper ero? uotum miserabile, nec spes
his saltem; nam cum pro me Fortuna uocatur,
adfixit ceras illa de naue petitas
quae Siculos cantus effugit remige surdo.'

LIBER QVARTVS

SATVRA X

OMNIBVS in terris, quae sunt a Gadibus usque
Auroram et Gangen, pauci dinoscere possunt
uera bona atque illis multum diuersa, remota
erroris nebula. quid enim ratione timemus
aut cupimus? quid tam dextro pede concipis ut te
conatus non paeniteat uotique peracti?
euertere domos totas optantibus ipsis
di faciles. nocitura toga, nocitura petuntur
militia; torrens dicendi copia multis

143 locata *Φ*: locata** *P*: locatum *Heinrich* 146 pingit *PG*: pingat *Φ*. *cf.* vii. 185 148 uocatur *PA*: rogatur *Φ* 149 adfixit *PA*: adfigit *Φ*

1 *redit F* 2 dinoscere *PAFGU Seru. in Georg.* ii. 461: discernere *Φ* 5 concipis *PAFGZ et ut uid. L*: concupis *HKOTU* 9 militia *P Vat. Reg.* 2029: militia et *Φ*: militiae et *F*

et sua mortifera est facundia; uiribus ille
confisus periit admirandisque lacertis;
sed pluris nimia congesta pecunia cura
strangulat et cuncta exuperans patrimonia census
quanto delphinis ballaena Britannica maior.
temporibus diris igitur iussuque Neronis
Longinum et magnos Senecae praediuitis hortos
clausit et egregias Lateranorum obsidet aedes
tota cohors: rarus uenit in cenacula miles.
pauca licet portes argenti uascula puri
nocte iter ingressus, gladium contumque timebis
et mota ad lunam trepidabis harundinis umbra:
cantabit uacuus coram latrone uiator.
prima fere uota et cunctis notissima templis
diuitiae, crescant ut opes, ut maxima toto
nostra sit arca foro. sed nulla aconita bibuntur
fictilibus; tunc illa time cum pocula sumes
gemmata et lato Setinum ardebit in auro.
iamne igitur laudas quod de sapientibus alter
ridebat, quotiens a limine mouerat unum
protuleratque pedem, flebat contrarius auctor?
sed facilis cuiuis rigidi censura cachinni:
mirandum est unde ille oculis suffecerit umor.
perpetuo risu pulmonem agitare solebat
Democritus, quamquam non essent urbibus illis
praetextae, trabeae, fasces, lectica, tribunal.
quid si uidisset praetorem curribus altis
extantem et medii sublimem puluere circi
in tunica Iouis et pictae Sarrana ferentem

21 mota *PS*: motae *Φ*: nocte *O* umbra *A Monac.* 6292: umbram *PGU*: umbras *Φ* 29 a *Φ*: de *PA* 30 auctor *PAGU*: alter *Φ* 35 praetextae *PAΣ*: praetexta *Sang.*: praetexta et *Φ* 37 medii *GHTU*: mediis *P Leid. Voss.* 64: medio *Φ*

ex umeris aulaea togae magnaeque coronae
tantum orbem, quanto ceruix non sufficit ulla?
quippe tenet sudans hanc publicus et, sibi consul
ne placeat, curru seruus portatur eodem.
da nunc et uolucrem, sceptro quae surgit eburno,
illinc cornicines, hinc praecedentia longi
agminis officia et niueos ad frena Quirites,
defossa in loculos quos sportula fecit amicos.
tum quoque materiam risus inuenit ad omnis
occursus hominum, cuius prudentia monstrat
summos posse uiros et magna exempla daturos
ueruecum in patria crassoque sub aere nasci.
ridebat curas nec non et gaudia uolgi,
interdum et lacrimas, cum Fortunae ipse minaci
mandaret laqueum mediumque ostenderet unguem.
ergo superuacua aut quae perniciosa petuntur?
propter quae fas est genua incerare deorum?
quosdam praecipitat subiecta potentia magnae
inuidiae, mergit longa atque insignis honorum
pagina. descendunt statuae restemque secuntur,
ipsas deinde rotas bigarum inpacta securis
caedit et inmeritis franguntur crura caballis.
iam strident ignes, iam follibus atque caminis
ardet adoratum populo caput et crepat ingens
Seianus, deinde ex facie toto orbe secunda
fiunt urceoli, pelues, sartago, matellae.
pone domi laurus, duc in Capitolia magnum
cretatumque bouem: Seianus ducitur unco
spectandus, gaudent omnes. 'quae labra, quis illi

40 ulla *PΦ*: una *Vat.* 3287 46 loculos *P*: loculis *Φ* 47 tum *Φ*: tunc *PSAFOΣ* 54 *del. Leo*, 54–55 *del. Knoche. interrogationem primus agnouit Lachmann* quae *Buecheler*: *om. PΦ* 61 strident *PSFK Prisc. G.L.K.* ii. 521: stridunt *Φ* 64 matellae *PSFG Sang. Σ*: patellae *ΦΣ* 65 laurus *PSGU*: lauros *Φ*

uultus erat! numquam, si quid mihi credis, amaui
hunc hominem. sed quo cecidit sub crimine? quisnam
delator quibus indicibus, quo teste probauit?'
'nil horum; uerbosa et grandis epistula uenit
a Capreis.' 'bene habet, nil plus interrogo.' sed quid
turba Remi? sequitur fortunam, ut semper, et odit
damnatos. idem populus, si Nortia Tusco
fauisset, si oppressa foret secura senectus
principis, hac ipsa Seianum diceret hora
Augustum. iam pridem, ex quo suffragia nulli
uendimus, effudit curas; nam qui dabat olim
imperium, fasces, legiones, omnia, nunc se
continet atque duas tantum res anxius optat,
panem et circenses. 'perituros audio multos.'
'nil dubium, magna est fornacula.' 'pallidulus mi
Bruttidius meus ad Martis fuit obuius aram;
quam timeo, uictus ne poenas exigat Aiax
ut male defensus. curramus praecipites et,
dum iacet in ripa, calcemus Caesaris hostem.
sed uideant serui, ne quis neget et pauidum in ius
ceruice obstricta dominum trahat.' hi sermones
tunc de Seiano, secreta haec murmura uolgi.
uisne salutari sicut Seianus, habere
tantundem atque illi summas donare curules,
illum exercitibus praeponere, tutor haberi
principis angusta Caprearum in rupe sedentis
cum grege Chaldaeo? uis certe pila, cohortis,
egregios equites et castra domestica; quidni

70 indicibus *PΦ*: indiciis *AH* 73 remi *PSGH*: (turba)rem *Acro in Hor. Carm.* i. 35. 25: tremens *Φ*: *om. L* 74 nortia *PA*: nurtia *FGΣ*: nursia *Φ* 78 effudit *PSGLZ*: effugit *Φ* 81 panem *AFG*: pan** *PLO*: panim *UZ*: pan *HKT* 87 in ius *P Vat. Reg.* 2029: intus *GU*: huius *Φ*: in huius *F* 88 obstricta *PA*: adstricta *Φ* 89 tunc *PΦ*: tum *GU* 91 summas *PA Sang.*: sellas *Φ*. *uersum om. H*

haec cupias? et qui nolunt occidere quemquam
posse uolunt. sed quae praeclara et prospera tanti,
ut rebus laetis par sit mensura malorum?
huius qui trahitur praetextam sumere mauis
an Fidenarum Gabiorumque esse potestas
et de mensura ius dicere, uasa minora
frangere pannosus uacuis aedilis Vlubris?
ergo quid optandum foret ignorasse fateris
Seianum; nam qui nimios optabat honores
et nimias poscebat opes, numerosa parabat
excelsae turris tabulata, unde altior esset
casus et inpulsae praeceps inmane ruinae.
quid Crassos, quid Pompeios euertit et illum,
ad sua qui domitos deduxit flagra Quirites?
summus nempe locus nulla non arte petitus
magnaque numinibus uota exaudita malignis.
ad generum Cereris sine caede ac uulnere pauci
descendunt reges et sicca morte tyranni.
  eloquium ac famam Demosthenis aut Ciceronis
incipit optare et totis quinquatribus optat
quisquis adhuc uno parcam colit asse Mineruam,
quem sequitur custos angustae uernula capsae.
eloquio sed uterque perit orator, utrumque
largus et exundans leto dedit ingenii fons.
ingenio manus est et ceruix caesa, nec umquam
sanguine causidici maduerunt rostra pusilli.
'o fortunatam natam me consule Romam:'
Antoni gladios potuit contemnere si sic
omnia dixisset. ridenda poemata malo
quam te, conspicuae diuina Philippica famae,

97 tanti *PAGΣ*: tantum *Φ*   102 uacuis *PAGU*: uacuisque *Φ*   112 ac *PΦ*: et *HKT Seru. in Georg.* ii. 498   uulnere *PΦ*: sanguine *GU Seru. ibid.*   114 ac *Φ*: aut *PA Sang.*   116 parcam *P*: partam *Φ*

uolueris a prima quae proxima. saeuus et illum
exitus eripuit, quem mirabantur Athenae
torrentem et pleni moderantem frena theatri.
dis ille aduersis genitus fatoque sinistro,
quem pater ardentis massae fuligine lippus
a carbone et forcipibus gladiosque paranti
incude et luteo Volcano ad rhetora misit.
  bellorum exuuiae, truncis adfixa tropaeis
lorica et fracta de casside buccula pendens
et curtum temone iugum uictaeque triremis
aplustre et summo tristis captiuos in arcu
humanis maiora bonis creduntur. ad hoc se
Romanus Graiusque et barbarus induperator
erexit, causas discriminis atque laboris
inde habuit: tanto maior famae sitis est quam
uirtutis. quis enim uirtutem amplectitur ipsam,
praemia si tollas? patriam tamen obruit olim
gloria paucorum et laudis titulique cupido
haesuri saxis cinerum custodibus, ad quae
discutienda ualent sterilis mala robora fici,
quandoquidem data sunt ipsis quoque fata sepulcris.
expende Hannibalem: quot libras in duce summo
inuenies? hic est quem non capit Africa Mauro
percussa oceano Niloque admota tepenti
rursus ad Aethiopum populos aliosque elephantos.
additur imperiis Hispania, Pyrenaeum
transilit. opposuit natura Alpemque niuemque:
diducit scopulos et montem rumpit aceto.
iam tenet Italiam, tamen ultra pergere tendit.

131 paranti *PGU*: parante *Φ*: parant *F*   145 fici *PGZ*: ficus *Φ*   150 aliosque *Φ Prisc. G.L.K.* ii. 217: altosque *PA*   152 imposuit *Prisc. G.L.K.* ii. 328   153 diducit *PSΦ*: diduxit *Laur. S. Marci* 234, *Vat.* 2810, *Comm. Einsidlense G.L.K.* viii. 217   rumpit *PΦ*: rupit *AGLZ Comm. Einsidlense ibid.*

'acti' inquit 'nihil est, nisi Poeno milite portas
frangimus et media uexillum pono Subura.'
o qualis facies et quali digna tabella,
cum Gaetula ducem portaret belua luscum!
exitus ergo quis est? o gloria! uincitur idem
nempe et in exilium praeceps fugit atque ibi magnus
mirandusque cliens sedet ad praetoria regis,
donec Bithyno libeat uigilare tyranno.
finem animae, quae res humanas miscuit olim,
non gladii, non saxa dabunt nec tela, sed ille
Cannarum uindex et tanti sanguinis ultor
anulus. i, demens, et saeuas curre per Alpes
ut pueris placeas et declamatio fias.
unus Pellaeo iuueni non sufficit orbis,
aestuat infelix angusto limite mundi
ut Gyarae clausus scopulis paruaque Seripho;
cum tamen a figulis munitam intrauerit urbem,
sarcophago contentus erit. mors sola fatetur
quantula sint hominum corpuscula. creditur olim
uelificatus Athos et quidquid Graecia mendax
audet in historia, constratum classibus isdem
suppositumque rotis solidum mare; credimus altos
defecisse amnes epotaque flumina Medo
prandente et madidis cantat quae Sostratus alis.
ille tamen qualis rediit Salamine relicta,
in Corum atque Eurum solitus saeuire flagellis
barbarus Aeolio numquam hoc in carcere passos,
ipsum conpedibus qui uinxerat Ennosigaeum
(mitius id sane, quod non et stigmate dignum
credidit. huic quisquam uellet seruire deorum?)—

155 acti *Φ*: actum *PHT* 160 fugit *PAGU*: abit *Φ* 164 nec *PFGU*: non *Φ*. *cf.* iii. 110 170 gyarae *PΦ*: gyari *Paris.* 7647 *et* 17903 173 hominum *PΦ*: hominis *AKT*: *om. H* 184 credidit *PSG*: crederet *Φ*

sed qualis rediit? nempe una naue, cruentis
fluctibus ac tarda per densa cadauera prora.
has totiens optata exegit gloria poenas.
'da spatium uitae, multos da, Iuppiter, annos.'
hoc recto uoltu, solum hoc et pallidus optas.
sed quam continuis et quantis longa senectus
plena malis! deformem et taetrum ante omnia uultum
dissimilemque sui, deformem pro cute pellem
pendentisque genas et talis aspice rugas
quales, umbriferos ubi pandit Thabraca saltus,
in uetula scalpit iam mater simia bucca.
plurima sunt iuuenum discrimina, pulchrior ille
hoc atque †ille† alio, multum hic robustior illo:
una senum facies, cum uoce trementia membra
et iam leue caput madidique infantia nasi;
frangendus misero gingiua panis inermi.
usque adeo grauis uxori natisque sibique,
ut captatori moueat fastidia Cosso.
non eadem uini atque cibi torpente palato
gaudia; nam coitus iam longa obliuio, uel si
coneris, iacet exiguus cum ramice neruus
et, quamuis tota palpetur nocte, iacebit.
anne aliquid sperare potest haec inguinis aegri
canities? quid quod merito suspecta libido est
quae uenerem adfectat sine uiribus? aspice partis
nunc damnum alterius. nam quae cantante uoluptas,
sit licet eximius, citharoedo siue Seleuco
et quibus aurata mos est fulgere lacerna?

189 recto uultu solum *AHKT*: uoltu solum *GU*: **** (alto *eras.*) recto uultu solum *P*: altus (alius *O*) caelumque tuens *LOZ*: altus caelum intuens *F* 197 ille *Φ Explan. in Don. G.L.K.* iv. 492: *om. PO*: ore *Housman* 198 membra *PΦ*: labra *GU*: uerba *LZ*: *om. Sang.* 211 citharoedo *PF*: cithareda *Sang.*: citharoedus *Φ* siue *PFG Sang.*: situe *Φ* seleuco *P Sang.*: eleuco coraules *F*: seleucos *GU*: seleucus *Φ*

quid refert, magni sedeat qua parte theatri
qui uix cornicines exaudiet atque tubarum
concentus? clamore opus est ut sentiat auris
quem dicat uenisse puer, quot nuntiet horas.
praeterea minimus gelido iam in corpore sanguis
febre calet sola, circumsilit agmine facto
morborum omne genus, quorum si nomina quaeras,
promptius expediam quot amauerit Oppia moechos,
quot Themison aegros autumno occiderit uno,
quot Basilus socios, quot circumscripserit Hirrus
pupillos, quot longa uiros exorbeat uno
Maura die, quot discipulos inclinet Hamillus;
percurram citius quot uillas possideat nunc
quo tondente grauis iuueni mihi barba sonabat.
ille umero, hic lumbis, hic coxa debilis; ambos
perdidit ille oculos et luscis inuidet; huius
pallida labra cibum accipiunt digitis alienis,
ipse ad conspectum cenae diducere rictum
suetus hiat tantum ceu pullus hirundinis, ad quem
ore uolat pleno mater ieiuna. sed omni
membrorum damno maior dementia, quae nec
nomina seruorum nec uoltum agnoscit amici
cum quo praeterita cenauit nocte, nec illos
quos genuit, quos eduxit. nam codice saeuo
heredes uetat esse suos, bona tota feruntur
ad Phialen; tantum artificis ualet halitus oris,
quod steterat multis in carcere fornicis annis.
ut uigeant sensus animi, ducenda tamen sunt
funera natorum, rogus aspiciendus amatae
coniugis et fratris plenaeque sororibus urnae.
haec data poena diu uiuentibus, ut renouata

214 exaudiet *PAGU*: exaudiat *Φ*   217 in *PΦ*: *om. AGKU*
226. *cf.* i. 25   235 nec *PAHKOT*: neque *GU*. *uersum om. FLZ*

semper clade domus multis in luctibus inque
perpetuo maerore et nigra ueste senescant.
rex Pylius, magno si quicquam credis Homero,
exemplum uitae fuit a cornice secundae.
felix nimirum, qui tot per saecula mortem
distulit atque suos iam dextra conputat annos,
quique nouum totiens mustum bibit. oro parumper
attendas quantum de legibus ipse queratur
fatorum et nimio de stamine, cum uidet acris
Antilochi barbam ardentem, cum quaerit ab omni,
quisquis adest, socio cur haec in tempora duret,
quod facinus dignum tam longo admiserit aeuo.
haec eadem Peleus, raptum cum luget Achillem,
atque alius, cui fas Ithacum lugere natantem.
incolumi Troia Priamus uenisset ad umbras
Assaraci magnis sollemnibus Hectore funus
portante ac reliquis fratrum ceruicibus inter
Iliadum lacrimas, ut primos edere planctus
Cassandra inciperet scissaque Polyxena palla,
si foret extinctus diuerso tempore, quo non
coeperat audaces Paris aedificare carinas.
longa dies igitur quid contulit? omnia uidit
euersa et flammis Asiam ferroque cadentem.
tunc miles tremulus posita tulit arma tiara
et ruit ante aram summi Iouis ut uetulus bos,
qui domini cultris tenue et miserabile collum
praebet ab ingrato iam fastiditus aratro.
exitus ille utcumque hominis, sed torua canino
latrauit rictu quae post hunc uixerat uxor.
festino ad nostros et regem transeo Ponti

253 cum *PT et ut uid. G*: nam *Φ* 254 socio *Φ*: socios *Vat.* 3286: socius *P. cf.* xi. 85, *Heraeus ad Mart.* ix. 37. 6 263 non *P*: iam *Φ* 272 uixerat *PAGU*: uixerit *Φ*

et Croesum, quem uox iusti facunda Solonis
respicere ad longae iussit spatia ultima uitae.
exilium et carcer Minturnarumque paludes
et mendicatus uicta Carthagine panis
hinc causas habuere; quid illo ciue tulisset
natura in terris, quid Roma beatius umquam,
si circumducto captiuorum agmine et omni
bellorum pompa animam exhalasset opimam,
cum de Teutonico uellet descendere curru?
prouida Pompeio dederat Campania febres
optandas, sed multae urbes et publica uota
uicerunt; igitur Fortuna ipsius et urbis
seruatum uicto caput abstulit. hoc cruciatu
Lentulus, hac poena caruit ceciditque Cethegus
integer et iacuit Catilina cadauere toto.
  formam optat modico pueris, maiore puellis
murmure, cum Veneris fanum uidet, anxia mater
usque ad delicias uotorum. 'cur tamen' inquit
'corripias? pulchra gaudet Latona Diana.'
sed uetat optari faciem Lucretia qualem
ipsa habuit, cuperet Rutilae Verginia gibbum
accipere †atque suum† Rutilae dare. filius autem
corporis egregii miseros trepidosque parentes
semper habet: rara est adeo concordia formae
atque pudicitiae. sanctos licet horrida mores
tradiderit domus ac ueteres imitata Sabinos,
praeterea castum ingenium uoltumque modesto
sanguine feruentem tribuat natura benigna
larga manu (quid enim puero conferre potest plus

274 quem uox iusti *PAGU*: iusti quem uox *Φ* 294 cuperet *Φ*: cuperes *P Sang.* *uersum om. G* 294–5 uerginia—rutilae *om. F Monac.* 23475 295 atque suum *PGU*: atque suam *Φ*: osque suum *Weidner*: osque tuum *recepto* cuperes *Housman* 299 sabinos *FG et* (inos *in ras.*) *P*: sabinas *Φ* 300 modesto *PG*: modestum *Φ*

custode et cura natura potentior omni?),
non licet esse uiro; nam prodiga corruptoris
improbitas ipsos audet temptare parentes:
tanta in muneribus fiducia. nullus ephebum
deformem saeua castrauit in arce tyrannus,
nec praetextatum rapuit Nero loripedem nec
strumosum atque utero pariter gibboque tumentem.
i nunc et iuuenis specie laetare tui, quem
maiora expectant discrimina. fiet adulter
publicus et poenas metuet quascumque mariti
†irati† debet, nec erit felicior astro
Martis, ut in laqueos numquam incidat. exigit autem
interdum ille dolor plus quam lex ulla dolori
concessit: necat hic ferro, secat ille cruentis
uerberibus, quosdam moechos et mugilis intrat.
sed tuus Endymion dilectae fiet adulter
matronae. mox cum dederit Seruilia nummos
fiet et illius quam non amat, exuet omnem
corporis ornatum; quid enim ulla negauerit udis
inguinibus, siue est haec Oppia siue Catulla?
deterior totos habet illic femina mores.
'sed casto quid forma nocet?' quid profuit immo
Hippolyto graue propositum, quid Bellerophonti?
erubuit †nempe haec† ceu fastidita repulso
nec Stheneboea minus quam Cressa excanduit, et se
concussere ambae. mulier saeuissima tunc est
cum stimulos odio pudor admouet. elige quidnam

304 uiro *Guelf. Gud.* 53 H^2 *sicut coni. Jahn*: uiros *PA*: uiris *Φ* 308 nec *in fine GU et in ras.* P^2: uel *Φ* 310 i nunc et *PSGU*: nunc ergo *Φ* iuuenis specie *PSAGOU*: specie iuuenis *Φ* 312 metuet *Φ*: metuit *P* 313 irati *PHT*: exire irati *A*: exigere irati *Φ*: ex ira *Clausen, Class. Rev. N.S.* i (1951), 73–74 debet *P*: debent *Φ* 323 *del. Heinrich* 326 *om. Lond. mus. Brit. Add.* 11997, *del. Knoche* nempe haec *PΦ*: certe *FLOZ* repulso *PS*: repulsa *Φ*

suadendum esse putes cui nubere Caesaris uxor
destinat. optimus hic et formonsissimus idem
gentis patriciae rapitur miser extinguendus
Messalinae oculis; dudum sedet illa parato
flammeolo Tyriusque palam genialis in hortis
sternitur et ritu decies centena dabuntur
antiquo, ueniet cum signatoribus auspex.
haec tu secreta et paucis commissa putabas?
non nisi legitime uolt nubere. quid placeat dic.
ni parere uelis, pereundum erit ante lucernas;
si scelus admittas, dabitur mora paruula, dum res
nota urbi et populo contingat principis aurem.
dedecus ille domus sciet ultimus. interea tu
obsequere imperio, si tanti uita dierum
paucorum. quidquid leuius meliusque putaris,
praebenda est gladio pulchra haec et candida ceruix.

nil ergo optabunt homines? si consilium uis,
permittes ipsis expendere numinibus quid
conueniat nobis rebusque sit utile nostris;
nam pro iucundis aptissima quaeque dabunt di.
carior est illis homo quam sibi. nos animorum
inpulsu et caeca magnaque cupidine ducti
coniugium petimus partumque uxoris, at illis
notum qui pueri qualisque futura sit uxor.
ut tamen et poscas aliquid uoueasque sacellis
exta et candiduli diuina thymatula porci,
orandum est ut sit mens sana in corpore sano.
fortem posce animum mortis terrore carentem,
qui spatium uitae extremum inter munera ponat

339 erit *PSAFG*: est *Φ* 344 leuius meliusque *codd. recentiores*: leuius meliusue *A Vat. Reg.* 2029: leuiusque *P*: melius leuiusque *Φ* 351 ducti *PSΦ*: capti *HO* 354 ut tamen et *PAGU*: ut tamen ut *H*: at tamen ut *Φ* 355 thymatula *GU*: thumatula *V*: tumacula *P*: macula *S*: t(h)omatula *Φ*:t(h)omacula *FZ* 356 *del. Reeve* 358 ponat *PΦ* *Sang.*: ducat *GU*

naturae, qui ferre queat quoscumque dolores,
nesciat irasci, cupiat nihil et potiores
Herculis aerumnas credat saeuosque labores
et uenere et cenis et pluma Sardanapalli.
monstro quod ipse tibi possis dare; semita certe
tranquillae per uirtutem patet unica uitae.
nullum numen habes, si sit prudentia: nos te,
nos facimus, Fortuna, deam caeloque locamus.

SATVRA XI

Atticvs eximie si cenat, lautus habetur,
si Rutilus, demens. quid enim maiore cachinno
excipitur uolgi quam pauper Apicius? omnis
conuictus, thermae, stationes, omne theatrum
de Rutilo. nam dum ualida ac iuuenalia membra
sufficiunt galeae dumque ardent sanguine, fertur
non cogente quidem sed nec prohibente tribuno
scripturus leges et regia uerba lanistae.
multos porro uides, quos saepe elusus ad ipsum
creditor introitum solet expectare macelli,
et quibus in solo uiuendi causa palato est.
egregius cenat meliusque miserrimus horum
et cito casurus iam perlucente ruina.
interea gustus elementa per omnia quaerunt
numquam animo pretiis obstantibus; interius si
attendas, magis illa iuuant quae pluris ementur.
ergo haut difficile est perituram arcessere summam

359 dolores *GU*: labores *PSΦ Sang.*   362 pluma *PGKU*: plumas *AF*: plumis *HLOTZ*   365–6 *del. Guyet. cf.* xiv. 315–16   365 habes *PΦ Lact. Diu. inst.* iii. 29. 17: abest *GU*   nos te *SAGU et* (te *in ras.* P^2) *P Lact. ibid.*: sed te Φ

6 ardent *Rom. Casan.* 1527 *sicut coni. Rigaltius*: ardenti *PAFGHT*: ardentis *LOZ*: ardens *KU*   16 ementur *P*: emuntur Φ

lancibus oppositis uel matris imagine fracta,
et quadringentis nummis condire gulosum
fictile; sic ueniunt ad miscellanea ludi.
refert ergo quis haec eadem paret; in Rutilo nam
luxuria est, in Ventidio laudabile nomen
sumit et a censu famam trahit. illum ego iure
despiciam, qui scit quanto sublimior Atlas
omnibus in Libya sit montibus, hic tamen idem
ignorat quantum ferrata distet ab arca
sacculus. e caelo descendit *γνῶθι σεαυτόν*
figendum et memori tractandum pectore, siue
coniugium quaeras uel sacri in parte senatus
esse uelis; neque enim loricam poscit Achillis
Thersites, in qua se traducebat Vlixes;
ancipitem seu tu magno discrimine causam
protegere adfectas, te consule, dic tibi qui sis,
orator uehemens an Curtius et Matho buccae.
noscenda est mensura sui spectandaque rebus
in summis minimisque, etiam cum piscis emetur,
ne mullum cupias, cum sit tibi gobio tantum
in loculis. quis enim te deficiente crumina
et crescente gula manet exitus, aere paterno
ac rebus mersis in uentrem fenoris atque
argenti grauis et pecorum agrorumque capacem?
talibus a dominis post cuncta nouissimus exit
anulus, et digito mendicat Pollio nudo.
non praematuri cineres nec funus acerbum
luxuriae sed morte magis metuenda senectus.
hi plerumque gradus: conducta pecunia Romae

23 sumptus *Heinrich* 24 quanto *PAGHU*: quantum *Φ*. *cf.* viii. 141, xiii. 196 26 ignorat *L Paris.* 7647 *et* 17903 *Σ*: ignoret *PSΦ*. *cf.* vii. 185 30 neque *PAGU*: nec *Φ* 34 et *PS*: an *Φ* 37 ne *PSAFGU Sang.*: nec *Φ*

et coram dominis consumitur; inde, ubi paulum
nescio quid superest et pallet fenoris auctor,
qui uertere solum, Baias et ad ostrea currunt.
cedere namque foro iam non est deterius quam
Esquilias a feruenti migrare Subura.
ille dolor solus patriam fugientibus, illa
maestitia est, caruisse anno circensibus uno.
sanguinis in facie non haeret gutta, morantur
pauci ridiculum et fugientem ex urbe pudorem.
experiere hodie numquid pulcherrima dictu,
Persice, non praestem uita et moribus et re,
si laudem siliquas occultus ganeo, pultes
coram aliis dictem puero sed in aure placentas.
nam cum sis conuiua mihi promissus, habebis
Euandrum, uenies Tirynthius aut minor illo
hospes, et ipse tamen contingens sanguine caelum,
alter aquis, alter flammis ad sidera missus.
fercula nunc audi nullis ornata macellis.
de Tiburtino ueniet pinguissimus agro
haedulus et toto grege mollior, inscius herbae
necdum ausus uirgas humilis mordere salicti,
qui plus lactis habet quam sanguinis, et montani
asparagi, posito quos legit uilica fuso.
grandia praeterea tortoque calentia feno
oua adsunt ipsis cum matribus, et seruatae
parte anni quales fuerant in uitibus uuae,
Signinum Syriumque pirum, de corbibus isdem
aemula Picenis et odoris mala recentis
nec metuenda tibi, siccatum frigore postquam

55 et fugientem *G Vat. Reg.* 2029, *Prisc. G.L.K.* ii. 389, iii. 361: effugientem *PΦ*: fugientem *OTU* 57 uita *Φ*: uitae *P* et *prius Flor. Ricc.* 612 *et fortasse P sicut dubitanter coni. Housman*: sed *A*: uel *GUP²*: nec *Φ* 58 si *PSA*: sed *Φ* 62 contingens *PAGKTU*: contingit *FHLOZ* 63 *del. Heinrich*

autumnum et crudi posuere pericula suci.
haec olim nostri iam luxuriosa senatus
cena fuit. Curius paruo quae legerat horto
ipse focis breuibus ponebat holuscula, quae nunc
squalidus in magna fastidit conpede fossor,
qui meminit calidae sapiat quid uolua popinae.
sicci terga suis rara pendentia crate
moris erat quondam festis seruare diebus
et natalicium cognatis ponere lardum
accedente noua, si quam dabat hostia, carne.
cognatorum aliquis titulo ter consulis atque
castrorum imperiis et dictatoris honore
functus ad has epulas solito maturius ibat
erectum domito referens a monte ligonem.
cum tremerent autem Fabios durumque Catonem
et Scauros et Fabricium, rigidique seueros
censoris mores etiam collega timeret,
nemo inter curas et seria duxit habendum
qualis in Oceani fluctu testudo nataret,
clarum Troiugenis factura et nobile fulcrum;
sed nudo latere et paruis frons aerea lectis
uile coronati caput ostendebat aselli,
ad quod lasciui ludebant ruris alumni.
[tales ergo cibi qualis domus atque supellex.]
tunc rudis et Graias mirari nescius artes
urbibus euersis praedarum in parte reperta
magnorum artificum frangebat pocula miles,
ut phaleris gauderet ecus caelataque cassis
Romuleae simulacra ferae mansuescere iussae

85 dabat *PAGU*: daret *Φ* carne *AHKLZ*: carnem *PFGOTU*. *cf.* x. 254 91 fabricium *PGΣ*: fabricios *Φ* rigidique *Φ*: postremo *P* 94 oceani *Φ*: oceano *PA* 99 *del. Markland et Heinrich* 100 tunc *PAGU*: tum *Φ*

imperii fato, geminos sub rupe Quirinos
ac nudam effigiem in clipeo uenientis et hasta
pendentisque dei perituro ostenderet hosti.
ponebant igitur Tusco farrata catino:
argenti quod erat solis fulgebat in armis.
omnia tunc quibus inuideas, si liuidulus sis.
templorum quoque maiestas praesentior, et uox
nocte fere media mediamque audita per urbem
litore ab Oceani Gallis uenientibus et dis
officium uatis peragentibus. his monuit nos,
hanc rebus Latiis curam praestare solebat
fictilis et nullo uiolatus Iuppiter auro.
illa domi natas nostraque ex arbore mensas
tempora uiderunt; hos lignum stabat ad usus,
annosam si forte nucem deiecerat eurus.
at nunc diuitibus cenandi nulla uoluptas,
nil rhombus, nil damma sapit, putere uidentur
unguenta atque rosae, latos nisi sustinet orbis
grande ebur et magno sublimis pardus hiatu
dentibus ex illis quos mittit porta Syenes
et Mauri celeres et Mauro obscurior Indus,
et quos deposuit Nabataeo belua saltu
iam nimios capitique graues. hinc surgit orexis,
hinc stomacho uires; nam pes argenteus illis,
anulus in digito quod ferreus. ergo superbum
conuiuam caueo, qui me sibi comparat et res
despicit exiguas. adeo nulla uncia nobis
est eboris, nec tessellae nec calculus ex hac
materia, quin ipsa manubria cultellorum
ossea. non tamen his ulla umquam obsonia fiunt

106 in *Hadr. Valesius*: *om. PΦ* uenientis *PG Sang. Σ*: ful•••entis *U*: fulgentis *Φ* 113 oceani *PGU*: oceano *Φ* 114 *dist. Madvig* 118 hos *Φ*: hoc *PGU* ad *PA*: in *Φ* 128 uires *PG*: bilis *Φ*

rancidula aut ideo peior gallina secatur.
sed nec structor erit cui cedere debeat omnis
pergula, discipulus Trypheri doctoris, apud quem
sumine cum magno lepus atque aper et pygargus
et Scythicae uolucres et phoenicopterus ingens
et Gaetulus oryx hebeti lautissima ferro
caeditur et tota sonat ulmea cena Subura.
nec frustum capreae subducere nec latus Afrae
nouit auis noster, tirunculus ac rudis omni
tempore et exiguae furtis inbutus ofellae.
plebeios calices et paucis assibus emptos
porriget incultus puer atque a frigore tutus.
non Phryx aut Lycius, non a mangone petitus
quisquam erit: in magno cum posces, posce Latine.
idem habitus cunctis, tonsi rectique capilli
atque hodie tantum propter conuiuia pexi.
pastoris duri hic filius, ille bubulci.
suspirat longo non uisam tempore matrem
et casulam et notos tristis desiderat haedos
ingenui uoltus puer ingenuique pudoris,
qualis esse decet quos ardens purpura uestit,
nec pupillares defert in balnea raucus
testiculos, nec uellendas iam praebuit alas,
crassa nec opposito pauidus tegit inguina guto.
hic tibi uina dabit diffusa in montibus illis
a quibus ipse uenit, quorum sub uertice lusit.
[namque una atque eadem est uini patria atque ministri.]

139 phenicopterus *G*: ponicopterus *P Sang. et ut uid. S*: phenix opterus *Φ* 146 porriget *Φ*: porrigit *PSKT* 147–8 non—magno *del. Guyet* 148 in *PSFGU*: et *Φ* posces *P*: poscis *Φ* 151 hic *PAGU*: hic est *Φ*: est hic *Vat. Reg.* 2029, *Paris.* 7647 *et* 17903 156 pupillares *PSAGUΣ*: pugillares *Φ* 161 *del. Markland*

forsitan expectes ut Gaditana canoro
incipiant prurire choro plausuque probatae
ad terram tremulo descendant clune puellae,
[spectant hoc nuptae iuxta recubante marito
quod pudeat narrare aliquem praesentibus ipsis.]
inritamentum ueneris languentis et acres
diuitis urticae [maior tamen ista uoluptas
alterius sexus]; magis ille extenditur, et mox
auribus atque oculis concepta urina mouetur.
non capit has nugas humilis domus. audiat ille
testarum crepitus cum uerbis, nudum olido stans
fornice mancipium quibus abstinet, ille fruatur
uocibus obscenis omnique libidinis arte,
qui Lacedaemonium pytismate lubricat orbem;
namque ibi fortunae ueniam damus. alea turpis,
turpe et adulterium mediocribus: haec eadem illi
omnia cum faciunt, hilares nitidique uocantur.
nostra dabunt alios hodie conuiuia ludos:
conditor Iliados cantabitur atque Maronis
altisoni dubiam facientia carmina palmam.
quid refert, tales uersus qua uoce legantur?
sed nunc dilatis auerte negotia curis
et gratam requiem dona tibi, quando licebit
per totum cessare diem. non fenoris ulla
mentio nec, prima si luce egressa reuerti
nocte solet, tacito bilem tibi contrahat uxor
umida suspectis referens multicia rugis
uexatasque comas et uoltum auremque calentem.

163 incipiant *PS Paris.* 7647 *et* 17903: incipiat *Φ* 165 spectant hoc *Φ*: expectant *PA* aliquem *Φ*: aliquid *PA* 165–6 *post* 164 *ponunt PA*, *post* 160 *FLZ*, *post* 161 *inuerso ordine HO*, *om. GKTU*, *del. Pinzger* 166 narrare *PA*: narras *FHLOZ* 168–9 maior—sexus *del. Jachmann* 178 faciunt *K Vat.* 3288 *sicut coni. C. Valesius*: faciant *PΦ* 182 *del. Sebastiani* 184 licebit *Φ*: licebat *P Lond. mus. Brit. Harl.* 3872

protinus ante meum quidquid dolet exue limen,
pone domum et seruos et quidquid frangitur illis
aut perit, ingratos ante omnia pone sodalis.
interea Megalesiacae spectacula mappae
Idaeum sollemne colunt, similisque triumpho
praeda caballorum praetor sedet ac, mihi pace
inmensae nimiaeque licet si dicere plebis,
totam hodie Romam circus capit, et fragor aurem
percutit, euentum uiridis quo colligo panni.
nam si deficeret, maestam attonitamque uideres
hanc urbem ueluti Cannarum in puluere uictis
consulibus. spectent iuuenes, quos clamor et audax
sponsio, quos cultae decet adsedisse puellae:
nostra bibat uernum contracta cuticula solem
effugiatque togam. iam nunc in balnea salua
fronte licet uadas, quamquam solida hora supersit
ad sextam. facere hoc non possis quinque diebus
continuis, quia sunt talis quoque taedia uitae
magna: uoluptates commendat rarior usus.

SATVRA XII

NATALI, Coruine, die mihi dulcior haec lux,
qua festus promissa deis animalia caespes
expectat. niueam reginae ducimus agnam,
par uellus dabitur pugnanti Gorgone Maura;
sed procul extensum petulans quatit hostia funem
Tarpeio seruata Ioui frontemque coruscat,
quippe ferox uitulus templis maturus et arae
spargendusque mero, quem iam pudet ubera matris
ducere, qui uexat nascenti robora cornu.

195 praeda *PSFGKUZΣ*: praedo *AHLOT*
1 dulcior *PAGHU Seru. in Buc.* iii. 76: carior *Φ*

si res ampla domi similisque adfectibus esset,
pinguior Hispulla traheretur taurus et ipsa
mole piger, nec finitima nutritus in herba,
laeta sed ostendens Clitumni pascua sanguis
et grandi ceruix iret ferienda ministro
ob reditum trepidantis adhuc horrendaque passi
nuper et incolumem sese mirantis amici.
nam praeter pelagi casus et fulminis ictus
euasit. densae caelum abscondere tenebrae
nube una subitusque antemnas inpulit ignis,
cum se quisque illo percussum crederet et mox
attonitus nullum conferri posse putaret
naufragium uelis ardentibus. omnia fiunt
talia, tam grauiter, si quando poetica surgit
tempestas. genus ecce aliud discriminis audi
et miserere iterum, quamquam sint cetera sortis
eiusdem pars dira quidem sed cognita multis
et quam uotiua testantur fana tabella
plurima: pictores quis nescit ab Iside pasci?
accidit et nostro similis fortuna Catullo.
cum plenus fluctu medius foret alueus et iam
alternum puppis latus euertentibus undis
arboris incertae, nullam prudentia cani
rectoris cum ferret opem, decidere iactu
coepit cum uentis, imitatus castora, qui se
eunuchum ipse facit cupiens euadere damno
testiculi: adeo medicatum intellegit inguen.
'fundite quae mea sunt' dicebat 'cuncta' Catullus

14 et grandi ceruix iret *Housman*: iret et grandi (magno *Seru.*) ceruix *PAΣ Seru. in Aen.* viii. 106 *cod. Floriac.*: iret et a grandi (magno *Seru.*) ceruix *Φ Seru. ibid. codd. ceteri* 17 fulminis *PSAΣ*: fulguris *Φ* ictus *PS*: ictum *Φ* 18 euasit *PAFTU*: euasi *GHKLO*: euasum *Z Lond. mus. Brit. Add.* 30861 29 *del. Guyet* 32 incertae *ṔO*: incerta *F*: incerto *Φ*: incerti *A Vat.* 2810

praecipitare uolens etiam pulcherrima, uestem
purpuream teneris quoque Maecenatibus aptam,
atque alias quarum generosi graminis ipsum
infecit natura pecus, sed et egregius fons
uiribus occultis et Baeticus adiuuat aer.
ille nec argentum dubitabat mittere, lances
Parthenio factas, urnae cratera capacem
et dignum sitiente Pholo uel coniuge Fusci;
adde et bascaudas et mille escaria, multum
caelati, biberat quo callidus emptor Olynthi.
sed quis nunc alius, qua mundi parte quis audet
argento praeferre caput rebusque salutem?
[non propter uitam faciunt patrimonia quidam,
sed uitio caeci propter patrimonia uiuunt.]
iactatur rerum utilium pars maxima, sed nec
damna leuant. tunc aduersis urguentibus illuc
reccidit ut malum ferro summitteret, ac se
explicat angustum: discriminis ultima, quando
praesidia adferimus nauem factura minorem.
i nunc et uentis animam committe dolato
confisus ligno, digitis a morte remotus
quattuor aut septem, si sit latissima, taedae;
mox cum reticulis et pane et uentre lagonae
accipe sumendas in tempestate secures.
sed postquam iacuit planum mare, tempora postquam
prospera uectoris fatumque ualentius euro
et pelago, postquam Parcae meliora benigna
pensa manu ducunt hilares et staminis albi

47 callidus *Φ*: pallidus *PA* 48 quis nunc *PAGU*: nunc quis *Φ* 50–51 *del. Britannicus et Bentley* 54 reccidit *AFLUZ*: recidit *PSGO*: decidit *HKT* 59 taedae *PSF*: taeda *Φ* 60 lagonae *PFGKU*: lagoenae *Φ*. *cf.* v. 29 61 accipe *Vat. Vrb.* 660, *Vat. Ottob.* 2885: aspice *PSΦ* 62 iacuit *Φ*: tacuit *PSA* 63 uectoris *PAGTUΣ*: uectores *Φ*: uectori *L*² *sicut coni. Hadr. Valesius*

lanificae, modica nec multum fortior aura
uentus adest, inopi miserabilis arte cucurrit
uestibus extentis et, quod superauerat unum,
uelo prora suo. iam deficientibus austris
spes uitae cum sole redit. tum gratus Iulo
atque nouercali sedes praelata Lauino
conspicitur sublimis apex, cui candida nomen
scrofa dedit, laetis Phrygibus mirabile sumen
et numquam uisis triginta clara mamillis.
tandem intrat positas inclusa per aequora moles
Tyrrhenamque pharon porrectaque bracchia rursum
quae pelago occurrunt medio longeque relincunt
Italiam; non sic igitur mirabere portus
quos natura dedit. sed trunca puppe magister
interiora petit Baianae peruia cumbae
tuti stagna sinus, gaudent ubi uertice raso
garrula securi narrare pericula nautae.
ite igitur, pueri, linguis animisque fauentes
sertaque delubris et farra inponite cultris
ac mollis ornate focos glebamque uirentem.
iam sequar et sacro, quod praestat, rite peracto
inde domum repetam, graciles ubi parua coronas
accipiunt fragili simulacra nitentia cera.
hic nostrum placabo Iouem Laribusque paternis
tura dabo atque omnis uiolae iactabo colores.
cuncta nitent, longos erexit ianua ramos
et matutinis operatur festa lucernis.
neu suspecta tibi sint haec, Coruine, Catullus,

68 extentis *P*: extensis *Φ*. *cf.* vi. 459, xii. 5 70 tum *Φ*: tunc *PA* 73 mirabile *Φ*: miserabile *PSA*. *uersum om. Z*. '*aut* mirabile' *Σ*. *cf. Verg. Aen.* viii. 81 76 rursum *P*: rursus *Φ*. *cf.* vi. 155, x. 150, *Pers.* iii. 34 78 igitur] similis *Housman* 81 tuti stagna sinus *PGU*: tunci stagna sinus *A*: tunc stagnante sinu *Φ* ubi *Φ*: ibi *PAFZ* 93 neu *FHLOZ sicut coni. Schrader*: nec *PAGKTU*: ne *Laur. S. Marci* 234 *sicut coni.*

pro cuius reditu tot pono altaria, paruos
tres habet heredes. libet expectare quis aegram
et claudentem oculos gallinam inpendat amico
tam sterili; uerum haec nimia est inpensa, coturnix
nulla umquam pro patre cadet. sentire calorem
si coepit locuples Gallitta et Pacius orbi,
legitime fixis uestitur tota libellis
porticus, existunt qui promittant hecatomben,
quatenus hic non sunt nec uenales elephanti,
nec Latio aut usquam sub nostro sidere talis
belua concipitur, sed furua gente petita
arboribus Rutulis et Turni pascitur agro,
Caesaris armentum nulli seruire paratum
priuato, siquidem Tyrio parere solebant
Hannibali et nostris ducibus regique Molosso
horum maiores ac dorso ferre cohortis,
partem aliquam belli, et euntem in proelia turrem.
nulla igitur mora per Nouium, mora nulla per Histrum
Pacuuium, quin illud ebur ducatur ad aras
et cadat ante Lares Gallittae uictima sola
tantis digna deis et captatoribus horum.
alter enim, si concedas, mactare uouebit
de grege seruorum magna et pulcherrima quaeque
corpora, uel pueris et frontibus ancillarum
inponet uittas et, si qua est nubilis illi
Iphigenia domi, dabit hanc altaribus, etsi
non sperat tragicae furtiua piacula ceruae.
laudo meum ciuem, nec comparo testamento
mille rates; nam si Libitinam euaserit aeger,

Lachmann. cf. xiv. 66 99 orbi *PΦ*: orbus *A Monac.* 14015 101 promittant *PSAG*: promittunt *Φ* 104 furua *PΦΣ*: fulua *SAFZ Sang.* 110 belli *PAGKU*: bellique *Φ* turrem *PGU*: turbam *Φ*: turmam *A Vat.* 2810 113 sola *PSFGU*: sacra *Φ* 116 et *Φ*: ut *P*

delebit tabulas inclusus carcere nassae
post meritum sane mirandum atque omnia soli
forsan Pacuuio breuiter dabit, ille superbus
incedet uictis riualibus. ergo uides quam
grande operae pretium faciat iugulata Mycenis.
uiuat Pacuuius quaeso uel Nestora totum,
possideat quantum rapuit Nero, montibus aurum
exaequet, nec amet quemquam nec ametur ab ullo.

LIBER QVINTVS

SATVRA XIII

EXEMPLO quodcumque malo committitur, ipsi
displicet auctori. prima est haec ultio, quod se
iudice nemo nocens absoluitur, improba quamuis
gratia fallaci praetoris uicerit urna.
quid sentire putas homines, Caluine, recenti
de scelere et fidei uiolatae crimine? sed nec
tam tenuis census tibi contigit, ut mediocris
iacturae te mergat onus, nec rara uidemus
quae pateris: casus multis hic cognitus ac iam
tritus et e medio fortunae ductus aceruo.
ponamus nimios gemitus. flagrantior aequo
non debet dolor esse uiri nec uolnere maior.
tu quamuis leuium minimam exiguamque malorum
particulam uix ferre potes spumantibus ardens
uisceribus, sacrum tibi quod non reddat amicus
depositum? stupet haec qui iam post terga reliquit

1–4 *praeeunte H. Richards del. Reeve* 4 fallaci *PG Seru. in Aen.* vi. 431 *codd. plerique*: fallacis *Φ* urna *PSU Seru. ibid.*: urnam *Φ* 5 homines *U Laur.* 34. 30 *sicut coni. Ribbeck*: omnes *PΦ* 13 malorum *PAGKTU*: laborum *FHLOZ*

sexaginta annos Fonteio consule natus?
an nihil in melius tot rerum proficis usu?
magna quidem, sacris quae dat praecepta libellis,
uictrix fortunae sapientia, ducimus autem
hos quoque felices, qui ferre incommoda uitae
nec iactare iugum uita didicere magistra.
quae tam festa dies, ut cesset prodere furem,
perfidiam, fraudes atque omni ex crimine lucrum
quaesitum et partos gladio uel pyxide nummos?
rari quippe boni, numera, uix sunt totidem quot
Thebarum portae uel diuitis ostia Nili.
nona aetas agitur peioraque saecula ferri
temporibus, quorum sceleri non inuenit ipsa
nomen et a nullo posuit natura metallo.
nos hominum diuomque fidem clamore ciemus
quanto Faesidium laudat uocalis agentem
sportula? dic, senior bulla dignissime, nescis
quas habeat ueneres aliena pecunia? nescis
quem tua simplicitas risum uulgo moueat, cum
exigis a quoquam ne peieret et putet ullis
esse aliquod numen templis araeque rubenti?
quondam hoc indigenae uiuebant more, priusquam
sumeret agrestem posito diademate falcem
Saturnus fugiens, tunc cum uirguncula Iuno
et priuatus adhuc Idaeis Iuppiter antris;
nulla super nubes conuiuia caelicolarum
nec puer Iliacus formonsa nec Herculis uxor
ad cyathos et iam siccato nectare tergens

18 an *PSAGU*: at *Φ* proficis *Φ*: proficit *PSΣ* usu *PΦ*: usus *K Vat.* 2810 *Σ* 19 quidem *PAFGU*: equidem *Φ* 26 numera *PU*^{2}: numero *AHKOT*: numerum *FLUZ*: innumerum *G* uix sunt *HKLOZ et in ras. P*^{2}: sunt uix *A Laur. S. Marci* 234: uix *T*: iussunt *F*: uissi *U*: iussi *G* 28 nona *Φ*: non *FK*: nunc *P* 44 saccato *Schurtzfleisch.* *'exsiccato faeculento aut liquefacto'* *Σ*

bracchia Volcanus Liparaea nigra taberna;
prandebat sibi quisque deus nec turba deorum
talis ut est hodie, contentaque sidera paucis
numinibus miserum urguebant Atlanta minori
pondere; nondum imi sortitus triste profundi
imperium Sicula toruos cum coniuge Pluton,
nec rota nec Furiae nec saxum aut uolturis atri
poena, sed infernis hilares sine regibus umbrae.
inprobitas illo fuit admirabilis aeuo,
credebant quo grande nefas et morte piandum
si iuuenis uetulo non adsurrexerat et si
barbato cuicumque puer, licet ipse uideret
plura domi fraga et maiores glandis aceruos;
tam uenerabile erat praecedere quattuor annis
primaque par adeo sacrae lanugo senectae.
nunc si depositum non infitietur amicus,
si reddat ueterem cum tota aerugine follem,
prodigiosa fides et Tuscis digna libellis
quaeque coronata lustrari debeat agna.
egregium sanctumque uirum si cerno, bimembri
hoc monstrum puero et miranti sub aratro
piscibus inuentis et fetae comparo mulae,
sollicitus, tamquam lapides effuderit imber
examenque apium longa consederit uua
culmine delubri, tamquam in mare fluxerit amnis
gurgitibus miris et lactis uertice torrens.
  intercepta decem quereris sestertia fraude
sacrilega. quid si bis centum perdidit alter
hoc arcana modo maiorem tertius illa

49 imi *Housman*: *om. P Vat. Pal.* 1701: aliquis *Φ* 50 imperium *HLOZ*: imperium aut *PSΦΣ* 54 quo *P*: quod *Φ*: quom *Knoche. cf.* iii. 37 57 fraga *P Vat. Pal.* 1701 *Σ*: farra *Φ* 65 hoc *PSGU schol. Stat. Theb.* i. 457: ut *Φ* miranti *Φ*: mirantis *G*: mirandis *PA* 73 illa *PGHU*: ille *Φ*

summam, quam patulae uix ceperat angulus arcae?
tam facile et pronum est superos contemnere testes,
si mortalis idem nemo sciat. aspice quanta
uoce neget, quae sit ficti constantia uoltus.
per Solis radios Tarpeiaque fulmina iurat
et Martis frameam et Cirrhaei spicula uatis,
per calamos uenatricis pharetramque puellae
perque tuum, pater Aegaei Neptune, tridentem,
addit et Herculeos arcus hastamque Mineruae,
quidquid habent telorum armamentaria caeli.
si uero et pater est, 'comedam' inquit 'flebile nati
sinciput elixi Pharioque madentis aceto.'
sunt in fortunae qui casibus omnia ponant
et nullo credant mundum rectore moueri
natura uoluente uices et lucis et anni,
atque ideo intrepidi quaecumque altaria tangunt.
[est alius metuens ne crimen poena sequatur.]
hic putat esse deos et peierat, atque ita secum:
'decernat quodcumque uolet de corpore nostro
Isis et irato feriat mea lumina sistro,
dummodo uel caecus teneam quos abnego nummos.
et pthisis et uomicae putres et dimidium crus
sunt tanti. pauper locupletem optare podagram
nec dubitet Ladas, si non eget Anticyra nec
Archigene; quid enim uelocis gloria plantae
praestat et esuriens Pisaeae ramus oliuae?
ut sit magna, tamen certe lenta ira deorum est;
si curant igitur cunctos punire nocentes,
quando ad me uenient? sed et exorabile numen
fortasse experiar; solet his ignoscere. multi

86 in *SGU*: *om. P Vat. Pal.* 1701: qui in *Φ* qui *PSAGU*: iam *Φ* 90 *del. Jahn* 97 nec *PSΦ*: ne *FGOU* ladas *PSGZΣ*: laudas *Φ*

committunt eadem diuerso crimina fato:
ille crucem sceleris pretium tulit, hic diadema.'
sic animum dirae trepidum formidine culpae
confirmat, tunc te sacra ad delubra uocantem
praecedit, trahere immo ultro ac uexare paratus.
nam cum magna malae superest audacia causae,
creditur a multis fiducia. mimum agit ille,
urbani qualem fugitiuus scurra Catulli:
tu miser exclamas, ut Stentora uincere possis,
uel potius quantum Gradiuus Homericus, 'audis,
Iuppiter, haec nec labra moues, cum mittere uocem
debueris uel marmoreus uel aeneus? aut cur
in carbone tuo charta pia tura soluta
ponimus et sectum uituli iecur albaque porci
omenta? ut uideo, nullum discrimen habendum est
effigies inter uestras statuamque Vagelli.'
accipe quae contra ualeat solacia ferre
et qui nec Cynicos nec Stoica dogmata legit
a Cynicis tunica distantia, non Epicurum
suspicit exigui laetum plantaribus horti.
curentur dubii medicis maioribus aegri:
tu uenam uel discipulo committe Philippi.
si nullum in terris tam detestabile factum
ostendis, taceo, nec pugnis caedere pectus
te ueto nec plana faciem contundere palma,
quandoquidem accepto claudenda est ianua damno,
et maiore domus gemitu, maiore tumultu
planguntur nummi quam funera; nemo dolorem
fingit in hoc casu, uestem diducere summam

105 sceleris pretium *PSAFGU*: pretium sceleris *Φ* 107 confirmat *S(Sang.)FGLUZ Sang.*: confirmant *PS(P)AHKOT* 119 uagelli *PSFGUΣ*: bacilli *Φ* 123 suspicit *PFGU*: suscipit *Φ* 131 dolorem *PAGKU*: dolores *Φ* 132 hoc casu *PSGOU*: occasu *Φ* diducere *PHKOT*: deducere *Φ*

contentus, uexare oculos umore coacto:
ploratur lacrimis amissa pecunia ueris.
sed si cuncta uides simili fora plena querella,
si deciens lectis diuersa parte tabellis
uana superuacui dicunt chirographa ligni,
arguit ipsorum quos littera gemmaque princeps
sardonychum, loculis quae custoditur eburnis,
ten, o delicias, extra communia censes
ponendum, quia tu gallinae filius albae,
nos uiles pulli nati infelicibus ouis?
rem pateris modicam et mediocri bile ferendam,
si flectas oculos maiora ad crimina. confer
conductum latronem, incendia sulpure coepta
atque dolo, primos cum ianua colligit ignes.
confer et hos, ueteris qui tollunt grandia templi
pocula adorandae robiginis et populorum
dona uel antiquo positas a rege coronas;
haec ibi si non sunt, minor exstat sacrilegus qui
radat inaurati femur Herculis et faciem ipsam
Neptuni, qui bratteolam de Castore ducat.
[an dubitet solitus totum conflare Tonantem?]
confer et artifices mercatoremque ueneni
et deducendum corio bouis in mare, cum quo
clauditur aduersis innoxia simia fatis.
haec quota pars scelerum, quae custos Gallicus urbis
usque a lucifero donec lux occidat audit?
humani generis mores tibi nosse uolenti
sufficit una domus; paucos consume dies et
dicere te miserum, postquam illinc ueneris, aude.

136 parte *PSAFGU*: in parte *Φ*. *cf.* vii. 156   137 *cf.* xvi. 41   139 sardonychum *PGU Sang.*: sardonicus *Φ*   140 teno *PA*: te nunc *Φ*   142 uiles *PSAGOU*: uilis *Φ*   pulli *PA*: p *S*: populi *GU*: populus *Φ*   153 *del. J. D. Lewis*   154 artifices *PAGKU*: artificem *Φ*   158 occidat *PAGKU*: occidit *Φ*

quis tumidum guttur miratur in Alpibus aut quis
in Meroe crasso maiorem infante mamillam?
caerula quis stupuit Germani lumina, flauam
caesariem et madido torquentem cornua cirro?
[nempe quod haec illis natura est omnibus una.]
ad subitas Thracum uolucres nubemque sonoram
Pygmaeus paruis currit bellator in armis,
mox inpar hosti raptusque per aera curuis
unguibus a saeva fertur grue. si uideas hoc
gentibus in nostris, risu quatiare; sed illic,
quamquam eadem adsidue spectentur proelia, ridet
nemo, ubi tota cohors pede non est altior uno.
  'nullane peiuri capitis fraudisque nefandae
poena erit?' abreptum crede hunc grauiore catena
protinus et nostro (quid plus uelit ira?) necari
arbitrio: manet illa tamen iactura nec umquam
depositum tibi sospes erit, sed corpore trunco
inuidiosa dabit minimus solacia sanguis.
'at uindicta bonum uita iucundius ipsa.'
nempe hoc indocti, quorum praecordia nullis
interdum aut leuibus uideas flagrantia causis:
[quantulacumque adeo est occasio sufficit irae]
Chrysippus non dicet idem nec mite Thaletis
ingenium dulcique senex uicinus Hymetto,
qui partem acceptae saeua inter uincla cicutae
accusatori nollet dare. [plurima felix
paulatim uitia atque errores exuit, omnes
prima docens rectum, sapientia.] quippe minuti
semper et infirmi est animi exiguique uoluptas
ultio. continuo sic collige, quod uindicta

166 *del. Markland et Pinzger*   172 spectentur *PHLOTZ*: spectantur *AFGKU*   183 *del. Heinrich*   187–9 plurima—sapientia *del. Guyet*   188 *dist. Buecheler*   189 docens *Φ*: docet *PU*

nemo magis gaudet quam femina. cur tamen hos tu
euasisse putes, quos diri conscia facti
mens habet attonitos et surdo uerbere caedit
occultum quatiente animo tortore flagellum?
poena autem uehemens ac multo saeuior illis
quas et Caedicius grauis inuenit et Rhadamanthus,
nocte dieque suum gestare in pectore testem.
Spartano cuidam respondit Pythia uates
haut inpunitum quondam fore quod dubitaret
depositum retinere et fraudem iure tueri
iurando. quaerebat enim quae numinis esset
mens et an hoc illi facinus suaderet Apollo.
reddidit ergo metu, non moribus, et tamen omnem
uocem adyti dignam templo ueramque probauit
extinctus tota pariter cum prole domoque
et quamuis longa deductis gente propinquis.
has patitur poenas peccandi sola uoluntas.
nam scelus intra se tacitum qui cogitat ullum
facti crimen habet. cedo si conata peregit.
perpetua anxietas nec mensae tempore cessat
faucibus ut morbo siccis interque molares
difficili crescente cibo, sed uina misellus
expuit, Albani ueteris pretiosa senectus
displicet; ostendas melius, densissima ruga
cogitur in frontem uelut acri ducta Falerno.
nocte breuem si forte indulsit cura soporem
et toto uersata toro iam membra quiescunt,
continuo templum et uiolati numinis aras
et, quod praecipuis mentem sudoribus urguet,
te uidet in somnis; tua sacra et maior imago
humana turbat pauidum cogitque fateri.

208 sola *GKTU*: saeua *PAHO*: scaeua *FLZ* uoluntas *AFGUΣ*: uoluptas *PΦ* 212 ut *PAU*: et *Φ* 213 sed uina] Setina *Herel et Withof. cf.* v. 33–34

hi sunt qui trepidant et ad omnia fulgura pallent,
cum tonat, exanimes primo quoque murmure caeli,
non quasi fortuitus nec uentorum rabie sed
iratus cadat in terras et iudicet ignis.
illa nihil nocuit, cura grauiore timetur
proxima tempestas uelut hoc dilata sereno.
praeterea lateris uigili cum febre dolorem
si coepere pati, missum ad sua corpora morbum
infesto credunt a numine; saxa deorum
haec et tela putant. pecudem spondere sacello
balantem et Laribus cristam promittere galli
non audent; quid enim sperare nocentibus aegris
concessum? uel quae non dignior hostia uita?
[mobilis et uaria est ferme natura malorum.]
cum scelus admittunt, superest constantia; quod fas
atque nefas tandem incipiunt sentire peractis
criminibus. tamen ad mores natura recurrit
damnatos fixa et mutari nescia. nam quis
peccandi finem posuit sibi? quando recepit
eiectum semel attrita de fronte ruborem?
quisnam hominum est quem tu contentum uideris uno
flagitio? dabit in laqueum uestigia noster
perfidus et nigri patietur carceris uncum
aut maris Aegaei rupem scopulosque frequentes
exulibus magnis. poena gaudebis amara
nominis inuisi tandemque fatebere laetus
nec surdum nec Teresian quemquam esse deorum.

SATVRA XIV

Plvrima sunt, Fuscine, et fama digna sinistra
[et quod maiorum uitia sequiturque minores] 1 A

236 *del. Jahn* 237 quod *PΦ*: quid *U Vat.* 3288
1 A *om. PFU, del. Calderinus*

et nitidis maculam haesuram figentia rebus,
quae monstrant ipsi pueris traduntque parentes.
si damnosa senem iuuat alea, ludit et heres
bullatus paruoque eadem mouet arma fritillo.
nec melius de se cuiquam sperare propinquo
concedet iuuenis, qui radere tubera terrae,
boletum condire et eodem iure natantis
mergere ficedulas didicit nebulone parente
et cana monstrante gula. cum septimus annus
transierit puerum, nondum omni dente renato,
barbatos licet admoueas mille inde magistros,
hinc totidem, cupiet lauto cenare paratu
semper et a magna non degenerare culina.
mitem animum et mores modicis erroribus aequos
praecipit atque animas seruorum et corpora nostra
materia constare putat paribusque elementis,
an saeuire docet Rutilus, qui gaudet acerbo
plagarum strepitu et nullam Sirena flagellis
conparat, Antiphates trepidi laris ac Polyphemus,
tunc felix, quotiens aliquis tortore uocato
uritur ardenti duo propter lintea ferro?
quid suadet iuueni laetus stridore catenae,
quem mire adficiunt inscripta, ergastula, carcer?
rusticus expectas ut non sit adultera Largae
filia, quae numquam maternos dicere moechos
tam cito nec tanto poterit contexere cursu
ut non ter deciens respiret? conscia matri
uirgo fuit, ceras nunc hac dictante pusillas
implet et ad moechum dat eisdem ferre cinaedis.

2 haesuram *POT*: ac rugam *Φ* 7 concedet *P Vat. Pal.* 1701: concedit *Φ* 9 ficellas *Lachmann* 11 puerum *PAU*: puero *Φ* 16 animas *PAFU*: animos *Φ* 24 inscripti *Richards* 30 moechum *PU*: moechos *Φ* *Prisc. G.L.K.* ii. 298, 304, iii. 10, 361

sic natura iubet: uelocius et citius nos
corrumpunt uitiorum exempla domestica, magnis
cum subeant animos auctoribus. unus et alter
forsitan haec spernant iuuenes, quibus arte benigna
et meliore luto finxit praecordia Titan,
sed reliquos fugienda patrum uestigia ducunt
et monstrata diu ueteris trahit orbita culpae.
abstineas igitur damnandis. huius enim uel
una potens ratio est, ne crimina nostra sequantur
ex nobis geniti, quoniam dociles imitandis
turpibus ac prauis omnes sumus, et Catilinam
quocumque in populo uideas, quocumque sub axe,
sed nec Brutus erit Bruti nec auunculus usquam.
nil dictu foedum uisuque haec limina tangat
intra quae pater est. procul, a procul inde puellae
lenonum et cantus pernoctantis parasiti.
maxima debetur puero reuerentia, si quid
turpe paras, nec tu pueri contempseris annos,
sed peccaturo obstet tibi filius infans.
nam si quid dignum censoris fecerit ira
quandoque et similem tibi se non corpore tantum
nec uultu dederit, morum quoque filius et qui
omnia deterius tua per uestigia peccet,
corripies nimirum et castigabis acerbo
clamore ac post haec tabulas mutare parabis.
unde tibi frontem libertatemque parentis,
cum facias peiora senex uacuumque cerebro

33 subeant *Φ*: subeunt *P Vat. Pal.* 1701 38 damnandis huius enim *POU*: damnis huiusce etenim *Φ* 43 usquam *Φ*: umquam *PSU* 45 pater *PΦΣ*: puer *A Paris.* 7647 *et* 17903 es *Cramer*. '*ubi filios habes*' *Σ* ah *Cramer*: ha *Monac.* 14466: ac *PFOTZ*: hac *Φ*. *cf. Pers.* i. 8 49 obstet *P et ut uid. U*: obstat *K Vat. Pal.* 1701: obsistet *T Vat. Reg.* 2029: obsistat *Φ* 51 quandoque *P Vat. Pal.* 1701: quandoquidem *Φ* 52 quoque *PFTUΣ et ut uid. H*: tibi *Φ* qui *PTU*: cum *Φ*

iam pridem caput hoc uentosa cucurbita quaerat?
  hospite uenturo cessabit nemo tuorum.
'uerre pauimentum, nitidas ostende columnas,
arida cum tota descendat aranea tela,
hic leue argentum, uasa aspera tergeat alter.'
uox domini furit instantis uirgamque tenentis.
ergo miser trepidas, ne stercore foeda canino
atria displiceant oculis uenientis amici,
ne perfusa luto sit porticus, et tamen uno
semodio scobis haec emendat seruulus unus:
illud non agitas, ut sanctam filius omni
aspiciat sine labe domum uitioque carentem?
gratum est quod patriae ciuem populoque dedisti,
si facis ut patriae sit idoneus, utilis agris,
utilis et bellorum et pacis rebus agendis.
plurimum enim intererit quibus artibus et quibus hunc tu
moribus instituas. serpente ciconia pullos
nutrit et inuenta per deuia rura lacerta:
illi eadem sumptis quaerunt animalia pinnis.
uoltur iumento et canibus crucibusque relictis
ad fetus properat partemque cadaueris adfert:
hic est ergo cibus magni quoque uolturis et se
pascentis, propria cum iam facit arbore nidos.
sed leporem aut capream famulae Iouis et generosae
in saltu uenantur aues, hinc praeda cubili
ponitur: inde autem cum se matura leuauit

59 cessabit *ΦP²*: cessaret *U Lond. mus. Brit. Reg.* 15 *B* XII: cessar•t *P*: cessarit *Housman. cf.* vi. 660   62 leue *PSAU*: lauet *Φ*: *om. G*   63 furit *PSA*: fremit *Paris.* 7647 *et* 17903: fremat *Φ*   66 ne *PSΦ*: nec *OT*: neu *Paris.* 7647 *et* 17903. *cf.* iii. 310–11, vii. 239–40, xv. 40–41, xii. 93, *Pers.* vi. 76   67 scobis *PSOUΣ Eutyches G.L.K.* v. 473: scrobis *Φ*   71 patriae *ΦΣ*: patria *PS*   82 hinc *P Lond. mus. Brit. Reg.* 15 *B* XII: tunc *Φ*: tum *A*: haec *Lachmann*   83 leuauit *T Vat. Reg.* 2029, *Prisc. G.L.K.* ii. 243: leuabit *Φ*: leuaret *P*: leuarit *codd. recentiores sicut coni. Hadr. Valesius. cf.* vi. 660

progenies stimulante fame festinat ad illam
quam primum praedam rupto gustauerat ouo.
aedificator erat Caetronius et modo curuo
litore Caietae, summa nunc Tiburis arce,
nunc Praenestinis in montibus alta parabat
culmina uillarum Graecis longeque petitis
marmoribus uincens Fortunae atque Herculis aedem,
ut spado uincebat Capitolia nostra Posides.
dum sic ergo habitat Caetronius, inminuit rem,
fregit opes, nec parua tamen mensura relictae
partis erat. totam hanc turbauit filius amens,
dum meliore nouas attollit marmore uillas.
quidam sortiti metuentem sabbata patrem
nil praeter nubes et caeli numen adorant,
nec distare putant humana carne suillam,
qua pater abstinuit, mox et praeputia ponunt;
Romanas autem soliti contemnere leges
Iudaicum ediscunt et seruant ac metuunt ius,
tradidit arcano quodcumque uolumine Moyses:
non monstrare uias eadem nisi sacra colenti,
quaesitum ad fontem solos deducere uerpos.
sed pater in causa, cui septima quaeque fuit lux
ignaua et partem uitae non attigit ullam.
sponte tamen iuuenes imitantur cetera, solam
inuiti quoque auaritiam exercere iubentur.
fallit enim uitium specie uirtutis et umbra,
cum sit triste habitu uultuque et ueste seuerum,
nec dubie tamquam frugi laudetur auarus,
tamquam parcus homo et rerum tutela suarum
certa magis quam si fortunas seruet easdem

85 gustauerat *PAKLTZ*: gustauerit *FGHOU Prisc. ibid. codd. plerique* 86 caetronius *Φ*: cretonius *P*: ceronius *A* 92 caetronius *Φ*: cetonius *P*: ceronius *A* 111 laudetur *PU*: laudatur *Φ*

Hesperidum serpens aut Ponticus. adde quod hunc de
quo loquor egregium populus putat adquirendi
artificem; quippe his crescunt patrimonia fabris
[sed crescunt quocumque modo maioraque fiunt]
incude adsidua semperque ardente camino.
et pater ergo animi felices credit auaros
qui miratur opes, qui nulla exempla beati
pauperis esse putat; iuuenes hortatur ut illa
ire uia pergant et eidem incumbere sectae.
sunt quaedam uitiorum elementa, his protinus illos
inbuit et cogit minimas ediscere sordes;
mox adquirendi docet insatiabile uotum.
seruorum uentres modio castigat iniquo
ipse quoque esuriens, neque enim omnia sustinet umquam
mucida caerulei panis consumere frusta,
hesternum solitus medio seruare minutal
Septembri nec non differre in tempora cenae
alterius conchem aestiuam cum parte lacerti
signatam uel dimidio putrique siluro
filaque sectiui numerata includere porri.
inuitatus ad haec aliquis de ponte negabit.
sed quo diuitias haec per tormenta coactas,
cum furor haut dubius, cum sit manifesta phrenesis,
ut locuples moriaris, egentis uiuere fato?
interea, pleno cum turget sacculus ore,

115 adquirendi *PU*: atque uerendi *Φ* 117 *del. Jahn* felices *Φ Prisc. G.L.K.* iii. 316: felicis *HTU et ut uid. P* 120 miratur *P Vat. Reg.* 2029 *Σ*: mirantur *Φ* qui *PU*: hi *Φ* 121 putat *PKU*: putant *Φ* hortatur *PΦ*: hortantur *LOZ Prisc. G.L.K.* ii. 304 illa *PFU*: illam *Φ Prisc. ibid.* 122 uia *PFU Mico Sang.*: uiam *Φ Prisc. ibid.* pergant *Φ Prisc. ibid.*: peragant *P Mico Sang. cf. Pers.* v. 150 124 minimas *PAFGU*: nimias *Φ* 125 *del. Jahn* 127 neque *PΦ*: nec *U* 131 conchem *PSUΣ*: concham *Φ. cf.* iii. 293 aestiuam *PAU*: aestiui *Φ* 134 negabit *Φ*: negauit *PS*: negabat *O*

crescit amor nummi quantum ipsa pecunia creuit,
et minus hanc optat qui non habet. ergo paratur
altera uilla tibi, cum rus non sufficit unum
et proferre libet finis maiorque uidetur
et melior uicina seges; mercaris et hanc et
arbusta et densa montem qui canet oliua.
quorum si pretio dominus non uincitur ullo,
nocte boues macri lassoque famelica collo
iumenta ad uiridis huius mittentur aristas
nec prius inde domum quam tota noualia saeuos
in uentres abeant, ut credas falcibus actum.
dicere uix possis quam multi talia plorent
et quot uenales iniuria fecerit agros.
sed qui sermones, quam foede bucina famae!
'quid nocet haec?' inquit 'tunicam mihi malo lupini
quam si me toto laudet uicinia pago
exigui ruris paucissima farra secantem.'
scilicet et morbis et debilitate carebis
et luctum et curam effugies, et tempora uitae
longa tibi posthac fato meliore dabuntur,
si tantum culti solus possederis agri
quantum sub Tatio populus Romanus arabat.
mox etiam fractis aetate ac Punica passis
proelia uel Pyrrhum inmanem gladiosque Molossos
tandem pro multis uix iugera bina dabantur
uulneribus; merces haec sanguinis atque laboris
nulli uisa umquam meritis minor aut ingratae
curta fides patriae. saturabat glebula talis

139 creuit *FTU et ut uid. P*: crescit *Φ Sang. Σ* 145 pretio dominus *PU*: dominus pretio *Φ* 147 mittentur *PATU*: mittuntur *Φ* 149 abeant *A Paris.* 7647 *et* 17903: habeant *PΦ* 152 foede *PGH*: foedae *Φ* 153 haec *PFGU*: hoc *Φ*: *om. T* 158 posthac *PA*: post haec *Φ* 164 haec *P*: ea *Φ* 165 nulli *FU sicut coni. Heinrich*: nullis *PSΦ*

patrem ipsum turbamque casae, qua feta iacebat
uxor et infantes ludebant quattuor, unus
uernula, tres domini; sed magnis fratribus horum
a scrobe uel sulco redeuntibus altera cena
amplior et grandes fumabant pultibus ollae.
nunc modus hic agri nostro non sufficit horto.
inde fere scelerum causae, nec plura uenena
miscuit aut ferro grassatur saepius ullum
humanae mentis uitium quam saeua cupido
inmodici census. nam diues qui fieri uolt,
et cito uolt fieri; sed quae reuerentia legum,
quis metus aut pudor est umquam properantis auari?
'uiuite contenti casulis et collibus istis,
o pueri,' Marsus dicebat et Hernicus olim
Vestinusque senex, 'panem quaeramus aratro,
qui satis est mensis: laudant hoc numina ruris,
quorum ope et auxilio gratae post munus aristae
contingunt homini ueteris fastidia quercus.
nil uetitum fecisse uolet, quem non pudet alto
per glaciem perone tegi, qui summouet euros
pellibus inuersis: peregrina ignotaque nobis
ad scelus atque nefas, quaecumque est, purpura ducit.'
haec illi ueteres praecepta minoribus; at nunc
post finem autumni media de nocte supinum
clamosus iuuenem pater excitat: 'accipe ceras,
scribe, puer, uigila, causas age, perlege rubras
maiorum leges; aut uitem posce libello,
sed caput intactum buxo narisque pilosas
adnotet et grandes miretur Laelius alas;
dirue Maurorum attegias, castella Brigantum,
ut locupletem aquilam tibi sexagesimus annus
adferat; aut, longos castrorum ferre labores

176 immodici *PA*: indomiti *Φ*   184 homini *PATU*: homines *Φ*

si piget et trepidum soluunt tibi cornua uentrem
cum lituis audita, pares quod uendere possis
pluris dimidio, nec te fastidia mercis
ullius subeant ablegandae Tiberim ultra,
neu credas ponendum aliquid discriminis inter
unguenta et corium: lucri bonus est odor ex re
qualibet. illa tuo sententia semper in ore
uersetur dis atque ipso Ioue digna poeta:
"unde habeas quaerit nemo, sed oportet habere." '
[hoc monstrant uetulae pueris repentibus assae,
hoc discunt omnes ante alpha et beta puellae.]
talibus instantem monitis quemcumque parentem
sic possem adfari: 'dic, o uanissime, quis te
festinare iubet? meliorem praesto magistro
discipulum. securus abi: uinceris, ut Aiax
praeteriit Telamonem, ut Pelea uicit Achilles.
parcendum est teneris; nondum impleuere medullas
maturae mala nequitiae. cum pectere barbam
coeperit et longae mucronem admittere cultri,
falsus erit testis, uendet periuria summa
exigua et Cereris tangens aramque pedemque.
elatam iam crede nurum, si limina uestra
mortifera cum dote subit. quibus illa premetur
per somnum digitis! nam quae terraque marique
adquirenda putas breuior uia conferet illi;
nullus enim magni sceleris labor. "haec ego numquam

199 trepidum *P Lond. mus. Brit. Burn* 192: trepido *Φ* 206 poeta *PS*: poetae *Φ* 208–9 *del. Jahn* 208 uetulae pueris *PAU Sang.*: pueris uetulae *Φ* repentibus *S*(*Sang.*) *Sang.*: reppentibus *PS*(*P*)*T*: repetentibus *U Vat. Reg.* 2029: petentibus *F*: poscentibus *Φ* assae *PSAGOTZ Sang.*: assem *FHKLU* 211 possem *P*: possim *FLOUZ*: possum *AGHKT* 216 maturae *Laur.* 34. 39 *man.* 2, *Vind.* 232 *man.* 2: naturae *PΦ* 217 longae *PAF*: longi *Φ* 219 et *PSA*: *om. Φ* 223 anquirenda *Stewech*

mandaui" dices olim "nec talia suasi."
mentis causa malae tamen est et origo penes te.
nam quisquis magni census praecepit amorem
et laeuo monitu pueros producit auaros
[et qui per fraudes patrimonia conduplicari]
dat libertatem et totas effundit habenas
curriculo; quem si reuoces, subsistere nescit
et te contempto rapitur metisque relictis.
nemo satis credit tantum delinquere quantum
permittas: adeo indulgent sibi latius ipsi.
cum dicis iuueni stultum qui donet amico,
qui paupertatem leuet attollatque propinqui,
et spoliare doces et circumscribere et omni
crimine diuitias adquirere, quarum amor in te
quantus erat patriae Deciorum in pectore, quantum
dilexit Thebas, si Graecia uera, Menoeceus,
in quorum sulcis legiones dentibus anguis
cum clipeis nascuntur et horrida bella capessunt
continuo, tamquam et tubicen surrexerit una.
ergo ignem, cuius scintillas ipse dedisti,
flagrantem late et rapientem cuncta uidebis.
nec tibi parcetur misero, trepidumque magistrum
in cauea magno fremitu leo tollet alumnus.
nota mathematicis genesis tua, sed graue tardas
expectare colus: morieris stamine nondum
abrupto. iam nunc obstas et uota moraris,
iam torquet iuuenem longa et ceruina senectus.
ocius Archigenen quaere atque eme quod Mithridates
composuit: si uis aliam decerpere ficum
atque alias tractare rosas, medicamen habendum est,

229 *habent PAH Sang., om. Φ, del. Ruperti*   245 late et *PΦ*: et late *AHK*   247 cauea *P Lond. mus. Brit. Burn.* 192: caueam *Φ*   250–6 *exhibet Ambr.*

sorbere ante cibum quod debeat et pater et rex.'
   monstro uoluptatem egregiam, cui nulla theatra,
nulla aequare queas praetoris pulpita lauti,
si spectes quanto capitis discrimine constent
incrementa domus, aerata multus in arca
fiscus et ad uigilem ponendi Castora nummi,
ex quo Mars Vltor galeam quoque perdidit et res
non potuit seruare suas. ergo omnia Florae
et Cereris licet et Cybeles aulaea relinquas:
tanto maiores humana negotia ludi.
an magis oblectant animum iactata petauro
corpora quique solet rectum descendere funem
quam tu, Corycia semper qui puppe moraris
atque habitas, coro semper tollendus et austro,
perditus ac uilis sacci mercator olentis,
qui gaudes pingue antiquae de litore Cretae
passum et municipes Iouis aduexisse lagonas?
hic tamen ancipiti figens uestigia planta
uictum illa mercede parat, brumamque famemque
illa reste cauet: tu propter mille talenta
et centum uillas temerarius. aspice portus
et plenum magnis trabibus mare: plus hominum est iam
in pelago. ueniet classis quocumque uocarit
spes lucri, nec Carpathium Gaetulaque tantum
aequora transiliet, sed longe Calpe relicta
audiet Herculeo stridentem gurgite solem.
grande operae pretium est, ut tenso folle reuerti
inde domum possis tumidaque superbus aluta,

255 et pater et *Ambr. Sang. et* (*alt.* et *in ras.*) *P*: aut pater aut *Φ*: aut pater ut *U*: et pater ut *Housman. 'nam pater . . . sicut rex' Σ* 268–91 *exhibet Ambr.* 269 ac uilis *PU Ambr.*: a siculis *Φ*: 270 pingue *PAFTU Ambr.*: pingui *Φ* 271 aduexisse *PΦ*: adduxisse *Laur.* 34. 25, *Ambr.* lagonas *P*: lagoenas *Φ Prisc. G.L.K.* ii. 167. *cf.* v. 29

Oceani monstra et iuuenes uidisse marinos.
non unus mentes agitat furor. ille sororis
in manibus uoltu Eumenidum terretur et igni,
hic boue percusso mugire Agamemnona credit
aut Ithacum. parcat tunicis licet atque lacernis,
curatoris eget qui nauem mercibus implet
ad summum latus et tabula distinguitur unda,
cum sit causa mali tanti et discriminis huius
concisum argentum in titulos faciesque minutas.
occurrunt nubes et fulgura: 'soluite funem'
frumenti dominus clamat piperisue coempti,
'nil color hic caeli, nil fascia nigra minatur;
aestiuom tonat.' infelix hac forsitan ipsa
nocte cadet fractis trabibus fluctuque premetur
obrutus et zonam laeua morsuque tenebit.
sed cuius uotis modo non suffecerat aurum
quod Tagus et rutila uoluit Pactolus harena,
frigida sufficient uelantes inguina panni
exiguusque cibus, mersa rate naufragus assem
dum rogat et picta se tempestate tuetur.
  tantis parta malis cura maiore metuque
seruantur: misera est magni custodia census.
dispositis praediues amis uigilare cohortem
seruorum noctu Licinus iubet, attonitus pro
electro signisque suis Phrygiaque columna
atque ebore et lata testudine. dolia nudi
non ardent Cynici; si fregeris, altera fiet
cras domus atque eadem plumbo commissa manebit.
sensit Alexander, testa cum uidit in illa

287 lacernis *PFLOTU Ambr. Sang.*: lacertis *AGHKZ* 289 unda *AGKOUP²*: u•da *P*: uda *FLZ Ambr.*: una *HT* 293 ue *PAGTU Prisc. G.L.K.* ii. 205: que *Φ* coempti *PΦ*: coemptor *A Prisc. ibid.* 295 hac *U*: ac *P*: at *Φ*: an *FOZ* 303–19 *exhibet Ambr.* 310 atque *PΦ*: aut *AGU Ambr.*

magnum habitatorem, quanto felicior hic qui
nil cuperet quam qui totum sibi posceret orbem
passurus gestis aequanda pericula rebus.
nullum numen habes, si sit prudentia: nos te,
nos facimus, Fortuna, deam. mensura tamen quae
sufficiat census, si quis me consulat, edam:
in quantum sitis atque fames et frigora poscunt,
quantum, Epicure, tibi paruis suffecit in hortis,
quantum Socratici ceperunt ante penates;
numquam aliud natura, aliud sapientia dicit.
acribus exemplis uideor te cludere? misce
ergo aliquid nostris de moribus, effice summam
bis septem ordinibus quam lex dignatur Othonis.
haec quoque si rugam trahit extenditque labellum,
sume duos equites, fac tertia quadringenta.
si nondum impleui gremium, si panditur ultra,
nec Croesi fortuna umquam nec Persica regna
sufficient animo nec diuitiae Narcissi,
indulsit Caesar cui Claudius omnia, cuius
paruit imperiis uxorem occidere iussus.

SATVRA XV

QVIS nescit, Volusi Bithynice, qualia demens
Aegyptos portenta colat? crocodilon adorat
pars haec, illa pauet saturam serpentibus ibin.
effigies sacri nitet aurea cercopitheci,
dimidio magicae resonant ubi Memnone chordae
atque uetus Thebe centum iacet obruta portis.

315–16 *cf.* x. 365–6 315 nos te *PU Ambr.*: sed te *Φ*: sed nos *AG* 316 nos *PΦ*: te *AG* 324–xv. 43 *exhibet Bob.*

5 '*quidam* dimidium *legunt ad Memnona referentes*' *schol. Bob.* memnone *Φ*: memnonie *P*: memnona *Bob.*: Memnoni *Duff*

illic aeluros, hic piscem fluminis, illic
oppida tota canem uenerantur, nemo Dianam.
porrum et caepe nefas uiolare et frangere morsu
(o sanctas gentes, quibus haec nascuntur in hortis
numina!), lanatis animalibus abstinet omnis
mensa, nefas illic fetum iugulare capellae:
carnibus humanis uesci licet. attonito cum
tale super cenam facinus narraret Vlixes
Alcinoo, bilem aut risum fortasse quibusdam
mouerat ut mendax aretalogus. 'in mare nemo
hunc abicit saeua dignum ueraque Charybdi,
fingentem inmanis Laestrygonas et Cyclopas?
nam citius Scyllam uel concurrentia saxa
Cyaneis plenos et tempestatibus utres
crediderim aut tenui percussum uerbere Circes
et cum remigibus grunnisse Elpenora porcis.
tam uacui capitis populum Phaeaca putauit?'
sic aliquis merito nondum ebrius et minimum qui
de Corcyraea temetum duxerat urna;
solus enim haec Ithacus nullo sub teste canebat.
nos miranda quidem sed nuper consule Iunco
gesta super calidae referemus moenia Copti,
nos uolgi scelus et cunctis grauiora coturnis;
nam scelus, a Pyrrha quamquam omnia syrmata uoluas,
nullus apud tragicos populus facit. accipe nostro
dira quod exemplum feritas produxerit aeuo.
  inter finitimos uetus atque antiqua simultas,
inmortale odium et numquam sanabile uulnus,

7 illic aeluros *U sicut coni. Brodaeus*: illicaeruleos *P*: illic caeruleos *Φ Bob.* 9 et frangere *PA Bob.*: ac frangere *Φ* 18 et *Φ Bob.*: atque *PSAT* 20 cyaneis *PU Bob.*: cyanes *Φ*: cyaneas *cod. R. Stephani* 23 sic uacuum cerebri *Prisc. G.L.K.* iii. 218 25 duxerat *P Phill.* 7277: produxerat *A Mico*: deduxerat *Φ Bob.* 27 iunco *A Bob.*: iunpo *P*: iunio *Φ*: uino *OU*

ardet adhuc Ombos et Tentura. summus utrimque
inde furor uolgo, quod numina uicinorum
odit uterque locus, cum solos credat habendos
esse deos quos ipse colit. sed tempore festo
alterius populi rapienda occasio cunctis
uisa inimicorum primoribus ac ducibus, ne
laetum hilaremque diem, ne magnae gaudia cenae
sentirent positis ad templa et compita mensis
peruigilique toro, quem nocte ac luce iacentem
septimus interdum sol inuenit. horrida sane
Aegyptos, sed luxuria, quantum ipse notaui,
barbara famoso non cedit turba Canopo.
adde quod et facilis uictoria de madidis et
blaesis atque mero titubantibus. inde uirorum
saltatus nigro tibicine, qualiacumque
unguenta et flores multaeque in fronte coronae:
hinc ieiunum odium. sed iurgia prima sonare
incipiunt; animis ardentibus haec tuba rixae.
dein clamore pari concurritur, et uice teli
saeuit nuda manus. paucae sine uolnere malae,
uix cuiquam aut nulli toto certamine nasus
integer. aspiceres iam cuncta per agmina uoltus
dimidios, alias facies et hiantia ruptis
ossa genis, plenos oculorum sanguine pugnos.
ludere se credunt ipsi tamen et puerilis
exercere acies quod nulla cadauera calcent.
et sane quo tot rixantis milia turbae,
si uiuunt omnes? ergo acrior impetus et iam
saxa inclinatis per humum quaesita lacertis

35 ombos *PSU Bob. Σ*: combos *Φ* 36 uolgo *PU Bob.*: uulgi *Φ* 43 nocte ac luce *PAU Bob.*: luce ac nocte *Φ* 44 interdum *PSATU*: interea *Φ* 44–48 horrida—titubantibus *del. Francke* 46 turba *PT*: ripa *ΦΣ* 52 *dist. Markland* 61 quo *PO*: quod *Φ*

incipiunt torquere, domestica seditioni
tela, nec hunc lapidem, qualis et Turnus et Aiax,
uel quo Tydides percussit pondere coxam
Aeneae, sed quem ualeant emittere dextrae
illis dissimiles et nostro tempore natae.
nam genus hoc uiuo iam decrescebat Homero,
terra malos homines nunc educat atque pusillos;
ergo deus, quicumque aspexit, ridet et odit.
a deuerticulo repetatur fabula. postquam
subsidiis aucti, pars altera promere ferrum
audet et infestis pugnam instaurare sagittis.
terga fugae celeri praestant instantibus Ombis
qui uicina colunt umbrosae Tentura palmae.
labitur hic quidam nimia formidine cursum
praecipitans capiturque. ast illum in plurima sectum
frusta et particulas, ut multis mortuus unus
sufficeret, totum corrosis ossibus edit
uictrix turba, nec ardenti decoxit aeno
aut ueribus, longum usque adeo tardumque putauit
expectare focos, contenta cadauere crudo.
hic gaudere libet quod non uiolauerit ignem,
quem summa caeli raptum de parte Prometheus
donauit terris; elemento gratulor, et te
exultare reor. sed qui mordere cadauer
sustinuit nil umquam hac carne libentius edit;
nam scelere in tanto ne quaeras et dubites an

64 seditioni *Hadr. Valesius*: seditione *PΦ*. *'domestica rixantibus tela'* *Σ* 65 qualis (quales *O*) et *PO*: qualis se *F*: quali se *Φ*: qualem uel *UO²* 75 fugae *POT*: fuga *Φ* praestant instantibus ombis *O sicut coni. Mercerius*: praestant instantibus omnes *U Vat. Pal.* 1701 *uel* orbes *LZ*: praestant *ceteris erasis, sed ita ut* s *littera in fine cognosci possit*, *P*: praestantibus omnibus instant *AHT uel* instans *FGKP²* 77 hic *Φ*: hinc *PO* 85 prometheus *Φ*: promethea *P* 86–87 elemento—reor *del. Orelli et Hermann* 88 nil *PAFOT*: nihil *Φ*

prima uoluptatem gula senserit, ultimus ante
qui stetit, absumpto iam toto corpore ductis
per terram digitis aliquid de sanguine gustat.
Vascones, ut fama est, alimentis talibus usi
produxere animas, sed res diuersa, sed illic
fortunae inuidia est bellorumque ultima, casus
extremi, longae dira obsidionis egestas.
[huius enim, quod nunc agitur, miserabile debet
exemplum esse cibi, sicut modo dicta mihi gens.]
post omnis herbas, post cuncta animalia, quidquid
cogebat uacui uentris furor, hostibus ipsis
pallorem ac maciem et tenuis miserantibus artus,
membra aliena fame lacerabant, esse parati
et sua. quisnam hominum ueniam dare quisue deorum
uentribus abnueret dira atque inmania passis
et quibus illorum poterant ignoscere manes
quorum corporibus uescebantur? melius nos
Zenonis praecepta monent, [nec enim omnia quidam
pro uita facienda putant] sed Cantaber unde
Stoicus, antiqui praesertim aetate Metelli?
nunc totus Graias nostrasque habet orbis Athenas,
Gallia causidicos docuit facunda Britannos,
de conducendo loquitur iam rhetore Thyle.
nobilis ille tamen populus, quem diximus, et par
uirtute atque fide sed maior clade Zacynthos
tale quid excusat: Maeotide saeuior ara
Aegyptos. quippe illa nefandi Taurica sacri
inuentrix homines, ut iam quae carmina tradunt

90 ante *Lond. mus. Brit. Add.* 11997 *sicut coni. Housman*: autem *PΦ* 93 ut *Φ*: ut haec *F*: haec *POU Mico*: *om. A* usi *Φ*: olim *PFOTU Mico* 97–98 *del. Guyet* 102–33 *deficit Z* 104 uentribus *Hadr. Valesius*: uiribus *Φ*: urbibus *PU* abnueret *POTU*: abnuerit *Φ* 107–8 nec —putant *del. Francke* 107 quidam *PFOU*: quaedam *Φ* 114 zacynthos *P*: zaghuntus *T*: sacynthos *U*: saguntos *uel* saguntus *Φ*

digna fide credas, tantum immolat; ulterius nil
aut grauius cultro timet hostia. quis modo casus
inpulit hos? quae tanta fames infestaque uallo
arma coegerunt tam detestabile monstrum
audere? anne aliam terra Memphitide sicca
inuidiam facerent nolenti surgere Nilo?
qua nec terribiles Cimbri nec Brittones umquam
Sauromataeque truces aut inmanes Agathyrsi,
hac saeuit rabie inbelle et inutile uolgus
paruula fictilibus solitum dare uela phaselis
et breuibus pictae remis incumbere testae.
nec poenam sceleri inuenies nec digna parabis
supplicia his populis, in quorum mente pares sunt
et similes ira atque fames. mollissima corda
humano generi dare se natura fatetur,
quae lacrimas dedit. haec nostri pars optima sensus.
plorare ergo iubet causam dicentis amici
squaloremque rei, pupillum ad iura uocantem
circumscriptorem, cuius manantia fletu
ora puellares faciunt incerta capilli.
naturae imperio gemimus, cum funus adultae
uirginis occurrit uel terra clauditur infans
et minor igne rogi. quis enim bonus et face dignus
arcana, qualem Cereris uolt esse sacerdos,
ulla aliena sibi credit mala? separat hoc nos
a grege mutorum, atque ideo uenerabile soli
sortiti ingenium diuinorumque capaces
atque exercendis pariendisque artibus apti
sensum a caelesti demissum traximus arce,

119 quis *POTU*: qui *Φ* 124 brittones *AHL*: brittrones *Sang.*: britones *PGKT*: bristones *F*: bistones *OU sicut coni. Schrader* 125 que *PSOTU Sang.*: ue *Φ* 142 credit *PAOU*: credat *Φ* 145 pariendisque *OU sicut coni. Buecheler*: ***iendisque *P*: rapiendisque *Vat. Reg.* 2029: capiendisque *ΦP²Σ. cf. Claud. De raptu Pros.* iii. 32

cuius egent prona et terram spectantia. mundi
principio indulsit communis conditor illis
tantum animas, nobis animum quoque, mutuus ut nos
adfectus petere auxilium et praestare iuberet,
dispersos trahere in populum, migrare uetusto
de nemore et proauis habitatas linquere siluas,
aedificare domos, laribus coniungere nostris
tectum aliud, tutos uicino limine somnos
ut conlata daret fiducia, protegere armis
lapsum aut ingenti nutantem uolnere ciuem,
communi dare signa tuba, defendier isdem
turribus atque una portarum claue teneri.
sed iam serpentum maior concordia. parcit
cognatis maculis similis fera. quando leoni
fortior eripuit uitam leo? quo nemore umquam
expirauit aper maioris dentibus apri?
Indica tigris agit rabida cum tigride pacem
perpetuam, saeuis inter se conuenit ursis.
ast homini ferrum letale incude nefanda
produxisse parum est, cum rastra et sarcula tantum
adsueti coquere et marris ac uomere lassi
nescierint primi gladios extendere fabri.
aspicimus populos quorum non sufficit irae
occidisse aliquem, sed pectora, bracchia, uoltum
crediderint genus esse cibi. quid diceret ergo
uel quo non fugeret, si nunc haec monstra uideret
Pythagoras, cunctis animalibus abstinuit qui
tamquam homine et uentri indulsit non omne legumen?

154 limine *Φ*: limite *PA*   166 et *PAOTU Sang.*: ac *Φ*   168 nescierint *PAG*: nescierunt *SK Sang. et ut uid. H*: nescierent *U Vat. Vrb.* 342: nescirent *FLOTZ Seru. in Georg.* ii. 539   extendere *PAT Sang.*: extundere *Φ Seru. ibid.*: excudere *LO*

SATVRA XVI

Qvis numerare queat felicis praemia, Galli,
militiae? nam si subeuntur prospera castra
. . . .
me pauidum excipiat tironem porta secundo
sidere. plus etenim fati ualet hora benigni
quam si nos Veneris commendet epistula Marti
et Samia genetrix quae delectatur harena.
  commoda tractemus primum communia, quorum
haut minimum illud erit, ne te pulsare togatus
audeat, immo, etsi pulsetur, dissimulet nec
audeat excussos praetori ostendere dentes
et nigram in facie tumidis liuoribus offam
atque oculum medico nil promittente relictum.
Bardaicus iudex datur haec punire uolenti
calceus et grandes magna ad subsellia surae
legibus antiquis castrorum et more Camilli
seruato, miles ne uallum litiget extra
et procul a signis. 'iustissima centurionum
cognitio est, igitur de milite nec mihi derit
ultio, si iustae defertur causa querellae.'
tota cohors tamen est inimica, omnesque manipli
consensu magno efficiunt curabilis ut sit
uindicta et grauior quam iniuria. dignum erit ergo
declamatoris mulino corde Vagelli,
cum duo crura habeas, offendere tot caligas, tot

1 galli *PU*: galle *Φ* 2 nam] quod *Prisc. G.L.K.* ii. 399, 435 subeuntur *PF Prisc. ibid.*: subeantur *Φ* *post hunc uersum aliqua excidisse intellexit Jahn* 8 ne te *PAO*: nec *U*: si te *Φ* 12 oculum *PU*: oculo *F*: oculos *Φ* relictum *FU*: relictos *Φ*: *om. P* 18 *dist. Weidner, del. Nisbet* 21 efficiunt *PF*: officiunt *Φ* curabilis *PSAFU*: curabitis *Φ* 22 et *PAFTU*: *om. Φ* 23 mulino *PSΣ*: mutinensi *ΦΣ*: mutinensis *GKTU* 24 caligas tot *codd. recentiores*: caligatos *PΦ*

milia clauorum. quis tam procul adsit ab urbe
praeterea, quis tam Pylades, molem aggeris ultra
ut ueniat? lacrimae siccentur protinus, et se
excusaturos non sollicitemus amicos.
'da testem' iudex cum dixerit, audeat ille
nescio quis, pugnos qui uidit, dicere 'uidi,'
et credam dignum barba dignumque capillis
maiorum. citius falsum producere testem
contra paganum possis quam uera loquentem
contra fortunam armati contraque pudorem.
praemia nunc alia atque alia emolumenta notemus
sacramentorum. conuallem ruris auiti
improbus aut campum mihi si uicinus ademit
et sacrum effodit medio de limite saxum,
quod mea cum patulo coluit puls annua libo,
debitor aut sumptos pergit non reddere nummos
uana superuacui dicens chirographa ligni,
expectandus erit qui lites incohat annus
totius populi. sed tum quoque mille ferenda
taedia, mille morae; totiens subsellia tantum
sternuntur, iam facundo ponente lacernas
Caedicio et Fusco iam micturiente parati
digredimur, lentaque fori pugnamus harena.
ast illis quos arma tegunt et balteus ambit
quod placitum est ipsis praestatur tempus agendi,
nec res atteritur longo sufflamine litis.
solis praeterea testandi militibus ius
uiuo patre datur. nam quae sunt parta labore
militiae placuit non esse in corpore census,

25 adsit *S. T. Collins*: absit *PΦ*: sit *F* 29 cum *PFU*: quem *Φ*: quom *Ribbeck*. *cf.* iii. 37 30 qui uidit *PTU*: uidit qui *Φ* 38 et *PFU*: aut *Φ* 39 patulo *PFOU*: uetulo *Φ* 41 *cf.* xiii. 137 42 inchoat *PU*: inchoet *Φ Seru. in. Aen.* ii. 102 43 tum *Φ*: tunc *PAFG* 45 lacernas *PFU*: lucernas *Φ* 48 illis *AHKT*: illi *PΦ* 49 ipsis *PFTU*: illis *Φ*

omne tenet cuius regimen pater. ergo Coranum
signorum comitem castrorumque aera merentem
quamuis iam tremulus captat pater; hunc fauor aequus
prouehit et pulchro reddit sua dona labori.
ipsius certe ducis hoc referre uidetur
ut, qui fortis erit, sit felicissimus idem,
ut laeti phaleris omnes et torquibus, omnes

56 fauor *Ruperti*: labor *PΦ*

VITA D. IVNI IVVENALIS

SIGLA

B Leidensis Vossianus F 64

H Parisinus 9345

K Laurentianus 34. 42

U Vaticanus Vrbinas 661

VITA IVVENALIS

D. Iunius Iuuenalis, libertini locupletis incertum est filius an alumnus, ad mediam fere aetatem declamauit animi magis causa quam quod se scholae aut foro praepararet. deinde paucorum uersuum satura non absurde composita in Parídem pantomimum poetamque eius semenstribus militiolis tumentem genus scripturae industriose excoluit; et tamen diu ne modico quidem auditorio quicquam committere ausus est. mox magna frequentia tantoque successu bis ac ter auditus est, ut ea quoque quae prima fecerat inferciret nouis scriptis (vii. 90–92):

> quod non dant proceres, dabit histrio. tu Camerinos
> et Bareas, tu nobilium magna atria curas?
> praefectos Pelopea facit, Philomela tribunos.

erat tum in deliciis aulae histrio multique fautorum eius cottidie prouehebantur. uenit ergo Iuuenalis in suspicionem, quasi tempora figurate notasset, ac statim per honorem militiae quamquam octogenarius urbe summotus est missusque ad praefecturam cohortis in extremam partem Aegypti tendentis. id supplicii genus placuit, ut leui atque ioculari delicto par esset. uerum intra breuissimum tempus angore et taedio periit.

1 decimus *H*: *om. BKU* est *BU*: *om. HK* 3 se scholae *H*: scholae se *U*: scholae *BK* 5 eius *BHU*: *om. K* 6 tamen *B*: tam (*supra scr.* uel bene H^2) *H*: tamen bene *K*: bene *U* 8 ac *B*: aut *HKU* 10 scriptis *BK*: scripturis *HU* '*hos autem libros in exilium missus ad ciuitatem ultimam Aegypti Hoasim ab ipso Domitiano scripsit. ideo autem in exilium missus est quia dixit uersum illum* quod non dant proceres, dabit histrio' *Σ ad* i. 1. '*propterea quod Iuuenalis sub specie bonoris relegatus est ad cohortis curam in Aegypto Hoasa, ubi mortuus est*' *Σ ad* iv. 37 17 summotus *BHK*: semotus *U* 18–19 partem aegypti tendentis *BK*: partem tendentis *H*: aegypti partem occidentis *U*

CODICES RARO ADHIBITI

(Asterisco praenotaui codices quos ipse contuli, obelo quos contulit U. Knoche.)

*Bernensis A 92 pars 30, saec. IX ex. uel X in. Continet Persii vi. 61–80.

*Bernensis 398, saec. XII. Continet Persium.

*Bernensis 542, saec. XI. Continet Persii ii. 46–vi. 80.

*Bernensis 648, saec. XII. Continet Persium.

Cantabrigiensis coll. Trinitatis R III 18, saec. XII. Continet Persium. Inspexi.

Codex Roberti Stephani. Cf. G. A. Ruperti, *D. Iunii Iuvenalis Aquinatis Satirae* XVI, i (Lipsiae, 1819), p. cx.

Coloniensis bibl. eccl. metrop. 199, saec. XII in. Continet commentarium in Iuuenalem. Inspexit Knoche.

†Dresdensis 155, an. 1452. Continet Iuuenalem et Persium.

Florentinus Riccardianus 612, saec. XII. Continet Iuuenalem. Contulit J. L. Perret, *La Transmission du Texte de Juvénal* (Helsinki, 1927).

Gaybacensis II. Contulit Ruperti, op. cit.

†Gothanus 2.52, saec. XV. Continet Iuuenalem et Persium.

†Guelferbytanus Gudianus 53, an. 1384. Continet Iuuenalem.

*Guelferbytanus Gudianus 79, saec. XI. Continet Persium cum uita.

†Guelferbytanus Gudianus 156, saec. XI. Continet Iuuenalem.

†Laurentianus 34.25, saec. XII ex. Continet Iuuenalem et Persium.

Laurentianus 34.30, an. 1458. Continet Iuuenalem. Inspexit Knoche.

Laurentianus 34.34, saec. XV. Continet Iuuenalem et Persium. Contulit Perret, op. cit.

†Laurentianus 34.39, saec. XII. Continet Iuuenalem.

†Laurentianus 34.40, saec. XIII in. Continet Iuuenalem.

Laurentianus 37.20, saec. XIII. Continet Persium cum uita et commentario. Contulit O. Jahn, *Auli Persii Flacci Satirarum Liber* (Lipsiae, 1843).

CODICES RARO ADHIBITI

Laurentianus Gaddianus 91.31.1, saec. xv. Continet Iuuenalem et Persium. Inspexit Knoche.

Laurentianus Gaddianus 91.31.3, saec. xv. Continet Iuuenalem et Persium. Inspexit Knoche.

†Laurentianus Sancti Marci 234, saec. XI. Continet Iuuenalem.

*Leidensis Vossianus Q 13, saec. XII. Continet Persium.

*Leidensis Vossianus Q 18, saec. x. Continet Iuuenalem et Persium, nisi quod desunt Iuuenalis xiii. 169–224.

Leidensis Vossianus F 64, saec. x. Continet Iuuenalis i. 1–x. 366, xiii. 123–xvi. 60; accedunt duae uitae. Contulit C. Hosius.

†Londinensis mus. Britannici Additicius 11997, an. 1441. Continet Iuuenalem.

†Londinensis mus. Britannici Additicius 12002, saec. xv. Continet Iuuenalem.

†Londinensis mus. Britannici Additicius 30861, saec. XI. Continet Iuuenalem, nisi quod desunt viii. 113–44, viii. 273–ix. 28, ix. 61–93, x. 91–93, xiv. 157–88, 262, 278, xv. 146–xvi. 60.

Londinensis mus. Britannici Burneianus 192, saec. xv. Continet Iuuenalem. Inspexit A. E. Housman.

†Londinensis mus. Britannici Harleianus 3872, saec. XIV. Continet Iuuenalem.

†Londinensis mus. Britannici Regius 15 B XII, saec. x. Continet Iuuenalem.

†Londinensis mus. Britannici Regius 15 B XVIII, saec. XI. Continet Iuuenalis i. 1–iii. 165, iii. 231–v. 139, vi. 30–xvi. 60.

*Londinensis mus. Britannici Regius 15 B XIX, saec. x. Continet Persium cum uita.

Monacensis 6292, olim Frisingensis 92, saec. x. Continet Persii et Iuuenalis excerpta. Persium contulerunt C. Wotke et C. Hosius, *Rhein. Mus.* xliii (1888), 501–2, Iuuenalem contulit idem Hosius, *Apparatus criticus ad Iuuenalem* (Bonnae 1888).

†Monacensis 14015, olim Sancti Emmerami, saec. XII. Continet Iuuenalis xii. 15–52, 56–95, xii. 97–xiii. 5, xiii. 7–45, xiv. 282–315, xiv. 325–xv. 24, xv. 34–64, 71–104.

Monacensis 14466, saec. XIII. Continet Iuuenalem.

•Monacensis 14781, olim Sancti Emmerami E 3, saec. XII. Continet Persium cum uita.

•Monacensis 19489, olim Tegernseensis 1489, saec. XII. Continet Persium.

•Monacensis 19490, olim Tegernseensis 1490, saec. XII. Continet Persium cum uita.

Monacensis 23475, saec. XII. Continet Iuuenalis i. 1–vi. 268, vi. 303–vii. 243, viii. 64–x. 8, x. 71–xi. 152. Inspexit Knoche.

Norimbergensis, siue Ebnerianus, saec. x. Continet Persium, nisi quod desunt vi. 75–80. Contulit L. Früchtel, *Phil.* xcvi (1943), 108–18.

†Norimbergensis 6. 19, saec. xv. Continet Iuuenalem.

Oenipontanus 992, saec. xv. Continet Iuuenalem. Contulit A. Zingerle, *Kleine Philologische Abhandlungen*, iv (Oeniponti, 1887).

•Parisinus 6487, saec. XI. Continet Persii choliambos et i. 1–101.

Parisinus 7647, saec. XII ex. uel XIII in. Continet Persii et Iuuenalis excerpta. Persium contulerunt Hosius et Wotke, op. cit. 494–97, Iuuenalem contulit Hosius, op. cit.

Parisinus 7906, saec. x ex. uel XI in. Continet Iuuenalis iv. 10–viii. 24. Contulit W. Förster, *Zeitschr. für österr. Gymn.* xxvii (1876), 258–60.

•Parisinus 8048, saec. XI. Continet Persium.

•Parisinus 8049, saec. x. Continet Persium.

Parisinus 8070, saec. x. Continet Iuuenalem et Persium. Inspexit Knoche; Persium ipse contuli.

•Parisinus 8272, saec. XI. Continet Persium.

Parisinus 8291, saec. xv. Continet Iuuenalem et Persium. Contulit N. Achaintre, *Decimi Junii Juvenalis Satirae* (Parisiis, 1810).

Parisinus 17903, olim Nostradamensis 188, saec. XIII. Continet Persii et Iuuenalis excerpta. Persium contulerunt Hosius et Wotke, op. cit. 494–7, Iuuenalem contulit Hosius, op. cit.

Phillippicus 7277, saec. XII. Continet Iuuenalem. Contulit S. G. Owen, *Journ. of Phil.* xxxiii (1914), 241–64.

Romanus Casanatensis 1527, saec. xv. Continet Iuuenalem.

•Treuirensis 1089, saec. x. Continet Persii choliambos, i. 1–75, iii. 50–vi. 80; accedit uita.

Valentianensis 410, olim Sancti Amandi, saec. XI. Continet Iuuenalem et Persium, nisi quod desunt Persii vi. 8–71. Contulit Owen, *Class. Quart.* vi (1912), 21–34.

†Vaticanus 2810, saec. x ex. uel XI in. Continet Iuuenalem.

†Vaticanus 3192, saec. XI. Continet Iuuenalem.

†Vaticanus 3286, saec. XI. Continet Iuuenalis i. 1–x. 366.

†Vaticanus 3287, saec. XI in. Continet Iuuenalem.

†Vaticanus 3288, saec. XI. Continet Iuuenalem.

Vaticanus Ottobonianus 1471, saec. XVI. Continet Iuuenalem et Persium. Inspexit Knoche.

*Vaticanus Ottobonianus 1647, saec. XV. Continet Iuuenalem et Persium.

Vaticanus Ottobonianus 2885, saec. XV. Continet Iuuenalis vii. 15–xii. 111, xiii. 148–221, v. 13–vii. 14, xv. 11–152. Inspexit Knoche.

Vaticanus Palatinus 1700, saec. XV. Continet Iuuenalem. Inspexit Knoche.

†Vaticanus Palatinus 1701, saec. IX ex. Continet Iuuenalem.

†Vaticanus Palatinus 1703, saec. XII. Continet Iuuenalem.

*Vaticanus Reginensis 1562, saec. x ex. uel XI in. Continet Persium.

†Vaticanus Reginensis 2029, saec. XI in. Continet Iuuenalem et Persii choliambos.

†Vaticanus Vrbinas 342, saec. x ex. Continet Iuuenalem.

Vaticanus Vrbinas 660, saec. XV. Continet Iuuenalem et Persium. Inspexit Knoche.

†*Vindobonensis 131, saec. x. Continet Persium et Iuuenalem.

Vindobonensis 232, saec. XII. Continet Iuuenalem. Inspexit Knoche.

Vlmensis. Contulit Ruperti, op. cit.

INDEX NOMINVM PERSI

INDEX NOMINVM IVVENALIS